O Teatro É Necessário?

Coleção Debates
Dirigida por J. Guinsburg

Equipe de Realização – Tradução: Fátima Saadi; Revisão técnica: Celina Moreira de Mello (francês), Henrique Cairus (grego), Cecília Araújo (latim); Revisão: Saulo Alencastro e Lilian Miyoko Kumai; Produção: Ricardo W. Neves e Sergio Kon.

denis guénoun
O TEATRO É NECESSÁRIO?

 PERSPECTIVA

Título do original em francês:
Le théâtre est-il nécessaire?

© 1977, by Éditions Circé

Dados Internacionais de Catalogação na Publicação (CIP)
(Câmara Brasileira do Livro, SP, Brasil)

Guénoun, Denis, 1946- .
O teatro é necessário? / Denis Guénoun ; [tradução Fátima Saadi]. — São Paulo : Perspectiva, 2014. — (Debates ; 298 / dirigida por J. Guinsburg)

3ª reimpressão da 1ª edição de 2004
Título original: Le théâtre est-il nécessaire?
Bibliografia.
ISBN 85-273-0700-6

1. Arte dramática 2. Teatro - Filosofia I. Guinsburg, J. II. Título. III. Série.

04-5606 CDD-792.01

Índices para catálogo sistemático:
1. Teatro : Filosofia   792.01

1ª edição – 3ª reimpressão
[PPD]

Direitos reservados em língua portuguesa à
EDITORA PERSPECTIVA LTDA.
Av. Brigadeiro Luís Antônio, 3025
01401-000 – São Paulo – SP – Brasil
Telefax: (11) 3885-8388
www.editoraperspectiva.com.br

2019

Para Paola

SUMÁRIO

Fora do Quadro 1 11

I 17
II 41
III 77
IV 95
V 129

Fora do Quadro 2 153

Não haveria crise do teatro se o teatro fosse para nós, simplesmente, "coisa do passado"[1]: se ele se afastasse ou se eclipsasse irremediavelmente.
É verdade que, num certo sentido, ele encolhe e parece destinado a se extinguir. Seu público diminui, dizem as pesquisas. Ele não funciona mais como centro: os poderes dominantes não usam mais seu brilho para exibir-se, ostentar os signos de sua dominação simbólica e de sua hegemonia[2]. Ele ficou órfão das revoluções. Sua função se embaralha. Sobretudo, segundo a opinião corrente, os desafios mais arriscados da representação coletiva se estabelecem neste

---

1. Hegel, *Cours d'esthétique I*, tradução de J.-P. Lefebre e V. Von Schenck, Aubier, 1995, p. 18. (Em português: *Curso de Estética*, tradução de Marco Aurélio Werle, São Paulo, Edusp, 1999).
2. J.-M. Apostolidès, *Le roi-machine, Spectacle et politique au temps de Louis XIV*, Minuit, 1981. (Em português: *O Rei-Máquina: Espetáculo e Política no Tempo de Luís XIV*, tradução de Cláudio César Santoro, Rio de Janeiro/ Brasília, José Olympio/Ed. UnB, 1993).

momento em atos narrativos ou figurativos que empurram o teatro para as margens: cinema, televisão. Tudo deveria nos levar a considerá-lo um artesanato superado, uma peça de museu, vestígio de um mundo ultrapassado.

Ora, o tempo desta retração é também o tempo em que o teatro se amplia, prolifera, ganha espaço em toda parte. Na França, os teatros públicos, cujo número aumentou bastante e cuja geografia se ampliou a ponto de cobrir quase todo o território, estão tomados, sitiados, por "companhias" que se multiplicam de forma explosiva: elas existem aos milhares, hoje em dia. Participam destes grupos, maiores ou menores, legiões de aspirantes à vida teatral. Nada indica, apesar dos sonhos das autoridades, que esta proliferação vá estancar. Pelo contrário: a cada ano, acrescentam-se a estas companhias multidões de jovens que se inscrevem em cursos de arte dramática, aulas de teatro oferecidas em toda parte no âmbito do ensino secundário e faculdades de teatro que mobilizam um número crescente de profissionais. A singularidade do que poderia passar por um novo amadorismo é evidente; no polo oposto, a aspiração intratável destes jovens entusiasmados à qualificação "profissional", que denota simplesmente seu desejo ardente de viver o teatro, de viver de teatro: de fazer do teatro o centro de suas vidas e inscrever este entusiasmo no princípio de sua existência social. Mas em volta destes exércitos de voluntários é preciso ainda localizar as múltiplas extensões da atividade dramática nos lugares mais diversos: prisões, hospitais, escolas, claro, e, hoje, os bairros ditos "em situação de risco social" ou conflagrados. São lugares que, há alguns anos, teriam atraído a atenção da militância política e que hoje são tomados pela nova moda. A eles é preciso ainda acrescentar, last but not least, *o teatro amador, persistente ou mutante, em suas formas tradicionais ou modernizadas.*

A crise do teatro procede, exatamente, do encontro entre estas duas dinâmicas contrárias. Por si só, o enfraquecimento do teatro não explicaria a crise: o recuo, o abandono não chegam a constituir uma crise. É preciso a violência da tensão entre movimentos contrários. Ora, há uma crise declarada³. Porque o teatro, em suas formas estabelecidas, não encontra nenhum recurso para responder à necessidade de teatro que a vida coletiva produz de forma tão intensa. O teatro convencional busca heroicamente espectadores que escasseiam e, ao mesmo tempo, está atravancado por hordas de candidatos que batem às suas portas. É evidente que estas duas tendências praticamente não se cruzam: o crescimento vertiginoso do número de atores potenciais não produz uma ampliação concomitante do público, assim como a rarefação do público não acarreta a queda na frequência aos cursos e oficinas. Qualquer análise da crise do teatro que só leve em conta um destes dois elementos perde de vista seu objeto e se condena à cegueira e à impotência: quer se busque um diagnóstico em termos simplesmente artísticos ou culturais (disposição dos espectadores, crítica ao repertório, crise das instituições) ou em termos sociológicos (necessidades de formação, redes educacionais). A crise do teatro tem que ser compreendida a partir do elo que estas duas séries de fatos heterogêneos estabelecem entre si. A confusão das "instituições" nada seria sem o surgimento de contra--legitimidades proliferantes que as cercam e as perseguem. Enquanto este outro teatro, difuso e lábil, se refere, por mimetismo ou rejeição, ao modo de produção dominante na vida teatral instituída. Sobretudo – sim, sobretudo, porque é aí que a ferida supura – o congelamento estético e moral no qual o teatro está encerrado, sua impotência formal, a esterilidade de seus conteúdos, a letargia que o entorpece, pondo em risco todos os que o servem, não podem ser pensados, nem, por conseguinte, afastados, sem que se apreendam em conjunto os dois lados do problema, os dois componentes da crise e o sistema de crise *que os mantém unidos.*

---

3. Em junho de 1966, aconteceu em Saint-Etienne e no Loire um primeiro Fórum do Teatro Europeu, organizado por iniciativa do Centre Dramatique National. Quase todas as comunicações mencionaram uma situação de crise institucional ou estética. Nas apresentações de J. De Decker (Bélgica), J. Giedris (Lituânia), T. Kubinowski (Polônia), M. Perez Coterillo (Espanha), O. Ponte di Pino (Itália), T. Proskournikova (Rússia), L. Ring (Suécia), R. Zahnd (Suíça romanda) foram tratados fenômenos relacionados aos que aqui mencionamos.

A imperiosa obrigação de pensar conjuntamente os dois termos desta questão resulta, para dizer a verdade, de uma observação muito simples. O conflito ou a discordância entre eles se enraíza no âmago do fato teatral, naquilo que ele tem de mais elementar: o teatro não é uma atividade, mas duas. Atividade de fazer e atividade de ver. Pode-se objetar que isto é verdadeiro para todas as artes e também para outras coisas. Claro. Mas a especificidade do teatro diz respeito ao fato de que, nele, as duas atividades são indissociáveis e "o teatro" só existe com a condição de que ambas se deem simultaneamente. É possível dedicar-se ao exercício da fotografia, da escultura ou da poesia e se indagar depois (ou, ao menos, separadamente) a respeito da "difusão", da apresentação daquilo que foi realizado. O teatro impõe, num espaço e num tempo compartilhados, a articulação do ato de produzir e do ato de olhar. E ele só se mantém de pé se estas duas ações se orquestrarem. Ora, o momento que vivemos está marcado pelo divórcio entre ambas: aprofunda-se a separação entre o teatro que se faz (ou que se quer fazer) e o teatro que se vê (ou que não se quer mais ver). Atores e espectadores caminham sobre trilhos cujo trajeto é divergente: o teatro está abalado, o edifício não se sustenta mais.

É preciso rearticular em uma outra síntese as condutas que o desejo de ver e o impulso de agir engendram. Elas ordenam hoje duas legitimidades teatrais separadas, sem ligação. Urge trabalhar para sua recomposição. A tarefa requer, no meu entender, que seja colocada a cada um destes dois teatros, da forma menos negligente possível, a questão de sua (eventual) necessidade.

Seria preferível, claro, interrogar a necessidade do teatro, mais que sua essência. A questão da essência remete à possibilidade[4] de um núcleo estável do ato teatral, cujos

---

4. "A filosofia chama esta quididade de *essentia* (essência). Esta torna possível o ente naquilo que ele é. Daí ela ser designada como *possibilitas* (possibilidade intrínseca) da coisa como tal (*realitas*) [...]. Todo ente "possui" assim [...] *essentia* e *existentia*, possibilidade e realidade." M. Heidegger, *Kant et le problème de la métaphysique*, tradução de A. de Walhens e W. Biemel, Gallimard, 1953, reedição Tel, 1981, pp. 279-280.

atributos permanentes se ofereceriam ao olhar do especialista em Grécia antiga tanto quanto ao especialista em Japão medieval. Ela remete a uma espécie de invariante, "o teatro", que se transforma em personagem e, logo depois, em herói de uma intriga de longa duração, no curso da qual ele combate valorosamente reduções e inimigos. Assim, podemos vê-lo, nestes últimos tempos, investido da virtude da "resistência". A presente análise gostaria de se precaver contra esta identificação e contra seus efeitos.

Mas pode-se argumentar que a escolha da palavra "necessário" também acarreta um certo risco. O tema da necessidade se liga, efetivamente, a dois grupos de significações distintas. É necessário, por um lado, aquilo que não pode deixar de acontecer. Empregado neste sentido, o termo supõe uma determinação plena, uma causalidade sem fissuras e incitaria a pensar o teatro como resultante da vigência de uma espécie de lei natural. Ou de um fatum. *Não é este o esquema ao qual recorreremos. Porque a existência do teatro não é inelutável. Ela não está submetida a nenhuma fatalidade do destino. Há sociedades que prescindem do teatro, que praticam simulações, quadros vivos, jogos de papéis, mas desconhecem o teatro, entendido no sentido que atribuímos à palavra aplicada a algumas produções ocidentais, indianas, chinesas, japonesas. Não se conhecem sociedades sem música ou sem poesia. Mas algumas vivem sem teatro: civilizações imponentes, que marcaram época. Nenhuma certeza, nenhum direito de essência afasta,* a priori, *a possibilidade de um futuro em que o teatro teria desaparecido ou só sobreviveria como memória, dado de arquivo, como aconteceu com certas habilidades muito antigas.*

Mas "necessário" qualifica também aquilo que é exigido por uma necessidade. E estes dois sentidos não são equivalentes, embora fosse possível pensar: não posso prescindir daquilo de que verdadeiramente tenho necessidade; isto parece, portanto, ter que, necessariamente, me acontecer. Contudo, esta acepção se distingue da outra como aquilo que é vivo se distingue do que é mecânico. A necessidade mecânica é compacta: ela causa irreversivelmente o que sucede. Pode acontecer, em compensação, que um vivente tenha necessidade de água e não tenha acesso a ela. Entre os dois regimes, infiltram-se duas diferenças: primeiro, diferenças de tempo – o ser vivo pode esperar um pouco, o mecânico ignora o adiamento, a não ser pelo encontro de uma mecânica concorrente. E, sobretudo, diferença de efeito: se a privação de água persiste, a morte sobrevirá. Ora, só o ser vivo sabe morrer. Neste sentido, necessário é aquilo que quer um ser vivo que quer viver, e se ele o obtém, usufrui de um novo chamado. Necessidade é, então, o nome da brutalidade do chamado. E a necessidade não designa nada além da prevalência manifestada do vivente sobre a morte. É a este segundo valor do modelo que eu gostaria de me ater.

Esta será nossa preocupação, nossa busca: a que necessidades responde (eventualmente) o teatro? Necessidades de que e de quem? Ou ainda, como diz Nietzsche: de que em quem? Abordagem mais dinâmica que a da essência, porque remete o teatro a outras existências que não a sua, amarra-o a instâncias fora dele e que o convocam e o puxam. O teatro se pensa na condição de uma alteridade, enquanto que a questão da essência o reconduz a seu interior mais íntimo, e o deduz de seu conceito. De repente, ei-lo submetido a uma questão de tempo. Quanto tempo se pode esperar pelo teatro quando ele falta? Questão importante hoje em dia: pode ser que se tenha necessidade de teatro e que ele não esteja à disposição. Ou, pelo menos, não o teatro de que se necessita. O teatro disponível não é necessariamente aquele que a vida pede – certas necessidades permanecem insatisfeitas. Inquietude de vida e de morte. Em caso de necessidade, se o teatro falta, nos falta, e se a carência persiste, algo corre o risco de morrer. "Nós" não morreremos, claro que não. Encontram-se substitutos. Mas algo em nós pode morrer. O quê?

A exigência que sustenta a reflexão aqui apresentada não é, portanto, a de preservar, conservar "o teatro" a qualquer preço: é possível conservar múmias, cadáveres. Perguntamo-nos se uma vida, e que tipo de vida, quer (eventualmente) o teatro. E como, se ele lhe faz falta, esta falta pode ser satisfeita.

I

Voltemos a algumas linhas da *Poética* de Aristóteles. Não na esperança de ler ali de forma direta o sentido de nossa atualidade: nosso teatro pode ser mais bem compreendido justamente pela distância que o separa do venerável tratado. Mas o filósofo parece colocar, de saída, uma questão próxima da nossa: o que é que provoca a existência das tragédias, das comédias?

Aristóteles inscreve primeiro a reflexão num quadro mais amplo: por que existem "representações"? Ele observou, em primeiro lugar, que "a epopeia e a poesia trágica, como também a comédia, a arte do ditirambo e, em sua maior parte, a da flauta e a da cítara têm em comum o fato de serem representações"[1]. A interrogação inicial incide, portanto, sobre um conjunto de aspecto heteróclito, que inclui os gêneros teatrais

1. *A Poética*, tradução e comentários de R. Dupont-Roc e J. Lallot, Seuil, 1980. Salvo menção em contrário, utilizarei esta edição. (Em português: *Poética*, tradução de Eudoro de Souza, em *Aristóteles*, col. Os Pensadores, São Paulo, Abril Cultural, 1973, pp. 439-471).

(tragédia, comédia, ditirambo), uma outra forma poética (a epopeia), certas produções musicais (ligadas à cena). Ora, a *Poética* nos parece, globalmente, dedicada à análise do teatro. Podemos estranhar o fato de Aristóteles não o designar mais precisamente como seu objeto.

Isto deve ser relacionado a uma constatação tão sólida que parece escapar a muita gente: os gregos, para nossa surpresa, não tinham nome, nem, sem dúvida, conceito, para o que nós chamamos "teatro"[2]. A palavra teatro nos vem dos gregos, claro, mas eles não a aplicavam como nós à atividade teatral: ela designava uma parte do edifício provisório das representações, aquela em que ficava o público. E, para nosso "teatro", nenhum termo apropriado: nem Platão[3] nem Aristóteles[4] dispõem de uma noção comum para a tragédia e a comédia, compreendidas como gêneros de escrita ou manifestações públicas. O tratado de Aristóteles se intitula *Poética*, mas pouco se interessa pela poesia lírica e só pensa a epopeia como antecessora ou origem (até, de forma espantosa, como espécie[5]) da tragédia. Precisamos nos conformar: os antigos gregos não tinham uma palavra para *o teatro*. O que nos deixaria indiferentes se eles tivessem ignorado a coisa. Mas nós atribuímos a eles o fato de terem praticamente inventado e transmitido a nós o teatro. Isto é que é intrigante.

Aristóteles pergunta: por que existem "representações"? E responde: "Desde a infância os homens têm, inscrita em sua natureza, ao mesmo tempo, uma tendência a representar [...] e uma tendência a sentir prazer com as representações"[6]. "Representar" traduz aqui o verbo *mimeîsthai*, muitas vezes

---

2. Como outros povos, ao que parece: por exemplo, os japoneses da época áurea do Nô.
3. Por exemplo, *República*, III, 394c, 394d. Por *default*: IV, 475d, 476a. (Em português: *A República*, tradução de Leonel Vallandro, Rio de Janeiro, Edições de Ouro, s.d.)
4. Por exemplo, *Poética*, IV, 1449 a 2-14. O que é frequentemente traduzido por "no teatro" é a expressão *pros ta theatra*: diante das assembleias, das arquibancadas.
5. Cf. o comentário de Dupont-Roc e Lallon, p. 182: "uma tese capital da *Poética* é a da *inclusão* da epopeia na tragédia".
6. 1448b 4-9.

também traduzido por "imitar". As representações respondem a uma necessidade, na medida em que sua ocorrência está inscrita na natureza dos homens. Mas esta necessidade, de saída, se divide: em uma tendência a produzir representações e uma tendência a se comprazer com isto. Ora, este prazer é um prazer da visão: Aristóteles o repete à exaustão[7]. Assim, a necessidade das representações se divide, desde a origem, em duas necessidades separadas: a que leva a representar ("o homem se diferencia dos outros animais porque é especialmente propenso a representar"[8]), e a que leva a se comprazer com a visão das representações ("temos prazer em olhar as imagens mais apuradas das coisas cuja visão nos é penosa na realidade"[9]). Esta dualidade recorta, no geral, nossa distinção entre "fazer teatro" e "ir ao teatro", entre o teatro que se pratica e aquele que se vê. Examinemos mais de perto cada uma destas duas tendências e seus efeitos.

A tendência a representar é, em primeiro lugar, *ativa*. Isto porque o elo entre a representação e a ação é, ao mesmo tempo, múltiplo, íntimo e essencial. "Aqueles que representam representam *agentes* (*mimoúmenoi práttontas*)"[10]. É a tese central da *Poética*. A representação diz respeito a atos e esse elo serve para caracterizar (como representação) e para definir a tragédia (*mímēsis praxeôs*)[11], o que confirma que o "teatro" não é aqui um gênero representativo entre outros[12]. Mas a relação se complica e se estreita ainda mais pelo fato de a representação ser também produzida por "agentes" (*práttontas*), "na medida em que eles efetivamente agem" (*kaì energoûntas*)[13]. O elo não é mais então simplesmente figurativo: a representação não elege apenas a ação como

7. 1448 b 9-19.
8. 1448 b 6-7.
9. 1448 b 10-11.
10. 1448 a 1. Tradução modificada.
11. 1449 b 24.
12. Cf. a análise dos tradutores Dupont-Roc e Lallot, pp. 17-18 relativa à "origem teatral do conceito de *mímēsis*".
13. 1448 a 24.

seu objeto privilegiado – a *mímēsis* é *ao mesmo tempo* representação de ação e *ação de representar*.

Isto choca de forma brutal nosso sentimento moderno. Colocamos como evidente a diferença, claramente estabelecida entre o que é representado (coisa, ação, ser natural ou imaginário) e o ato de representar (figuração pintada, jogo do ator ou música ao vivo). Como imaginar que seja possível unir numa noção comum o figurante e o figurado, a coisa e seu signo? Como admitir que no teatro se possa suspender a diferença tão nítida a nossos olhos, entre a *ação mostrada* e a *ação de mostrar*?

É bem possível que, nesta reticência, sejamos vítimas da tradução tradicional de *mímēsis* por *imitação*. É bem possível que a *mímēsis*, cujo conceito Aristóteles elabora, não seja estritamente imitativa, no sentido que nós atribuímos a este termo:

> O sintagma *mimeîsthai* + acusativo pode compreender duas relações bem diferentes segundo a natureza do objeto: o complemento pode designar o *objeto-modelo*, o objeto natural que é imitado[14] [...], mas ele designa com mais frequência, na *Poética*, o *objeto-cópia*, o artefato que é criado; [...o que] nos levou a traduzir *mimeîsthai* por um termo francês igualmente polivalente: representar[15].

Há, portanto, no texto, ambiguidade entre *representar* (algo de exterior) e *representar* (mostrar uma figura, dá-la a ver: apresentá-la, de algum modo)[16]. Não se acredita que

14. Os tradutores indicam que a construção é atestada no capítulo quinze, 1454 b 9.
15. *Op. cit.*, comentário dos tradutores, p. 156.
16. Sinto-me propenso a seguir os tradutores em sua análise do termo grego (*mimeîsthai*): não por competência, mas por interesse pelas consequências teóricas de seu *parti-pris*. Preciso, no entanto, observar, honestamente, que a palavra francesa que escolheram (representar) não me parece tão "polivalente" como eles afirmam. Se compreendi bem, eles querem dizer que, por exemplo, a expressão "desenhar um círculo" pode remeter a dois sentidos distintos. Isto é: reproduzir, neste papel, aquele círculo que se pode ver lá (acepção imitativa). Ou ainda: desenhar este círculo aqui, sem referente particular. Haveria assim ambivalência do termo. Mas, no tocante à palavra "representar", a questão é bem menos clara: a palavra não se desliga facilmente de uma conotação imitativa, no mínimo por causa de seu prefixo "re". Para acentuar o valor "presentativo", mais do que "representativo" do gesto, – e apesar do peso

esta ambiguidade seja uma flutuação fortuita: com certeza o autor da *Poética* teve a preocupação de construir um conceito coerente, organizado, unívoco, da *mímēsis* – ainda mais que ele baseia sobre este ponto a tentativa de invalidar a doutrina de seu mestre Platão. É preciso, portanto, considerar a ambiguidade como estrutural e admitir que a *mímēsis aristotélica é relativamente indiferente à oposição entre a figura e seu referente*, e até mesmo que ela é construída, precisamente, sobre a colocação desta indiferença. "No capítulo um, nas poucas ocorrências de *mimeîsthai* com um acusativo neutro plural, o valor semântico do acusativo é indecidível; e [o] começo do capítulo dois *parece sustentar a indecisão*"[17]. *Mimeîsthai* significa, portanto, talvez: (re)presentar, no sentido de dar a ver, apresentar diante do olhar, mostrar, fabricar, exibir para os olhos. A *mímēsis* não deveria então ser compreendida como "mimética", segundo a acepção corrente: imitativa, figurativa de um referente colocado fora de sua operação. Não que a existência de um referente esteja excluída: mas é possível que, em vista do procedimento (re)presentativo como tal, sua existência ou sua não existência não tenha um valor definitivo.

Esta determinação da *mímēsis* opõe-se frontalmente à que Platão articula, em especial nos livros III e X de *A República*, aos quais a *Poética* parece com frequência responder. Para Platão, a *mímēsis* separa e opõe a imitação e o que ela mostra (ou pretende mostrar), o ícone e o *eîdos*, a "imagem" e a ideia[18]. Para ele, a imitação é heterogênea àquilo a que ela incessantemente remete e sua mentira se estabelece na pretensão de ignorar esta separação[19]. É Platão, sem dúvida, quem constrói e organiza a estrutura do mimético tal como a manipulamos hoje em dia. E podemos pensar que a operação aristotélica na *Poética* está ligada à vontade de juntar o que

---

do procedimento – utilizarei, às vezes, a forma "(re)presentar", para fazer esquecer um pouco a imitação e acompanhar os tradutores de Aristóteles em suas hipóteses.

17. *Ibid.* Grifo meu.
18. Por exemplo, *Rep.* X, 596d-597a.
19. *Ibid.*, 598e-599a.

Platão desmembra e de colocar lado a lado, indistintamente, o que Platão se empenha em separar.

É provavelmente para este desacordo que aponta a definição aristotélica, tão insistente, da *mímēsis* como *representação da ação*, ou melhor dizendo, representação (ativa) da ação, ação de representação de ação, *mímēsis práxeōs*: se, como disse brilhantemente J. Taminiaux, a ação é aquilo mesmo que não pode ser compreendido no (e pelo) dispositivo platônico, se a *práxis* é exatamente o que o dispositivo platônico quer invalidar, deslegitimar[20]. A *Poética* não cessa de repetir que a tragédia não apresenta fundamentalmente estados, mas atos. Ela não pode prescindir da ação, mas pode dispensar uma série de outras coisas, em especial, os caracteres[21]. É por isto que "a história" é colocada como "alma"[22] da tragédia: parte da tragédia (sistema, com-posição das ações) cuja definição reduplica exatamente a da tragédia em seu conjunto – *mímēsis práxeōs*[23]. Talvez este seja o traço que dá forma e especificidade à *mímēsis* como tal, em sua constituição aristotélica: este movimento de reversão de uma finalidade "mimética" para uma *práxis* representativa[24]. A *mímēsis* (e, portanto, o teatro, o teatro que se faz) se torna então esta ação de (re)presentar a ação, na qual figura e objeto se confundem e para a qual a questão de sua adequação não se coloca.

Esta hipótese de uma *mímēsis* de algum modo não imitativa, relativamente indiferente, no regime da *ação*, ao elo de conveniência ou de adequação entre o imitante e o imitado, ajuda a compreender por que a *Poética* não contém nenhuma teoria do ator. Silêncio que nos parece evidente, de tal modo estamos acostumados a este livro e a seu conteúdo. Mas afinal:

---

20. Em *Le théâtre des philosophes*, J. Millon, 1995, pp. 17-33.
21. 1450 a 22-26.
22. 1450 a 38 (cf. todo o trecho 1450 a 15-38).
23. 1450 a 3 e o comentário dos tradutores, *op. cit.* p. 197.
24. Cf. P. Ricoeur, *Temps et récit I*, Seuil, 1983, pp. 59-60. (Em português: *Tempo e Narrativa*, v. 1, tradução de Constança Marcondes César, Campinas, Papirus, 1994).

havia atores em Atenas. Por que o texto que estuda praticamente todos os aspectos da tragédia não apresenta nenhuma análise de sua atividade? Por que ela não está especificada como instância singular no modelo geral do trágico? Até Platão, que ao longo da *República* fala tão pouco disto, parece referir-se a ela, sob um certo viés, no *Íon*[25].

É que não se pode conceber ideias sobre o ator (pensar o ator, tratá-lo como objeto de pensamento) se não se estabelecer uma diferença entre a ação representada e a ação de representar. O ator se instala neste afastamento: ele é aquele que assume a ação de representar, na medida em que ela se distingue da ação representada. Ora, a *mímēsis práxeōs*, acredito, designa as duas ações no espaço de uma posição comum, como que indiferenciada. Por isto se torna impossível qualquer teoria do ator: o dispositivo não deixa hiato algum onde esta ação singular possa operar. Seu lugar de exercício só pode ser o da *diferença representativa,* no sentido clássico, imitativo, do termo. Para usar nosso vocabulário corrente, uma teoria do ator exige que se possa distingui-lo do que chamamos de "personagem". Ora, "o grego, em época remota, não possuindo termo para designar o que nós chamamos personagem, contenta-se com o particípio do verbo *agir*, delegando ao contexto a tarefa de precisar a natureza do objeto mimético em suas diversas modalidades"[26]. O que significa dizer que, para uma ação produzida em cena, a antiga língua grega – e, por consequência, a *Poética*, – não estabelece neste ponto diferença pertinente, pensável, entre a ação fictícia e a ação de figurar. Esta ação não pode, portanto, ser distinguida como fictícia – pelo menos não em nosso sentido corrente. *A ação trágica não é imaginária.* O que não significa que ela seja real, mas simplesmente que a oposição, tal como funciona para nós, entre realidade e figuração imaginária é exterior ao campo em que a execução da tragédia acontece. *O imaginário é mais tardio*: ele pertence ao mundo da imagem,

---

25. Cf. por exemplo, 532d e a nota de M. Canto em *Íon*, GF-Flammarion 1989, p. 143. (Em português: *Íon*, tradução de Victor Jabouille, Lisboa, Inquérito, 1988).
26. *Poética, op. cit.*, comentário dos tradutores, p. 156.

que é posterior. Ficção, imagem são termos romanos, que não têm equivalente estrito na língua da *Poética*: sua fortuna será pós-imperial, "romântica" segundo a construção hegeliana do conceito[27]. E, além disto, a civilização romana concederá um estatuto muito mais visível ao ator, tanto nos fatos quanto no pensamento[28]. Os *práttontes* são os agentes, simplesmente: ao mesmo tempo atores e "actantes" da narrativa. Comentando, a respeito deles, um segmento da frase formulado na tradução audaciosamente como "todos podem, na medida em que, efetivamente, agem, ser os autores da representação"[29], os tradutores escrevem: "O verbo *práttein* é aqui duplicado por *energeîn*, "agir efetivamente". Agora se trata da *colocação em ato* do texto, da ação dramática. Dito de outro modo: *os personagens em ação*, aos quais o autor delega a palavra, e que dizem *eu* são *os mesmos que, em cena, efetuarão a representação*[30]: atores ou autores-atores na origem, a distinção não é pertinente neste caso, o essencial é que eles são vários para repartir o *eu*, para assumir o conjunto do discurso, para colocá-lo *em ato*"[31]. E ainda: "Aqueles que nós chamamos 'personagens', isto é, os seres de ficção que são os actantes de um drama ou de uma narrativa, não recebem designação específica na *Poética*: o particípio *práttontes* (literalmente: 'seres em ação') pode referir-se, às vezes indistintamente, tanto aos 'actantes' quanto aos 'atores'"[32]. A diferença entre atores e personagens não é pertinente na *Poética*. Os agentes são tanto aqueles que representam[33] quanto aqueles que são representados, segundo o valor moderno destes termos: qualquer

---

27. Quer dizer, moderna, em alguma medida. Tentei desenvolver esta análise em *Transferts d'un corpos enlevé. Hypothèses sur l'Europe*, tese de doutoramento em filosofia, Strasbourg, 1994, pp. 37-40 e 342-352.
28. Cf. Fl. Dupont. *L'acteur-roi, le théâtre dans la Rome antique*, Les Belles Lettres, 1985.
29. 1448 a 24.
30. Grifo meu para os dois últimos membros da frase.
31. *Op. cit.*, p. 161.
32. *Ibid.*, p. 179. As referências indicadas para corroborar esta observação são: 1448 a 23 e também 27, 1449 b 31 e também 37.
33. Aquele que representa, quando se trata de especificá-lo, é antes pensado como poeta. O ator não desfruta de nenhum espaço próprio.

dissociação atributiva é incerta do ponto de vista da unidade intrínseca, homogênea e primordial da ação. A ação, tal como Aristóteles a estrutura, não é mais imitante do que imitada. Ela é operação de agir, ato que só responde a outros atos e não à partitura "mimética" no sentido platônico. A *mímēsis* é de início a fim *práxis*, ação, *práxis* agente. Deste lado de seu ter-lugar, o teatro é exclusivamente prático[34].

Passemos à segunda tendência, que origina as representações, e que os tradutores caracterizam como "receptiva"[35]. Ela é uma questão de olhar. Aristóteles insiste nisto:

> Temos uma prova nos fatos: temos prazer em olhar (*theōroûntes*) as imagens mais apuradas das coisas cuja visão nos é penosa na realidade, por exemplo, as formas de animais perfeitamente ignóbeis ou de cadáveres; a razão é que aprender é um prazer [...]; efetivamente, se gostamos de ver imagens (*theōroûntas*), é porque olhando-as aprende-se a conhecer[36].

Na origem da atividade dos espectadores, está, portanto, esta espécie de contemplação, esta atitude de observação que incide sobre o que os tradutores, mediante um anacronismo muito banal, chamam de imagens (o texto diz: *eikônas*), as quais

---

34. Faremos aqui uma aproximação inesperada. Na outra extremidade de nossa história, no âmbito da teoria mais imitativa do ator (aparentemente), Stanislávski, ao envelhecer, parece procurar alguma coisa estranhamente próxima disto, com seu chamado método das ações físicas. Grotóvski, que prolonga e radicaliza, sem dúvida, a teoria stanislavskiana, usa o termo "atuantes" para designar o que podemos compreender como uma instância indiferenciada do ponto de vista da diferença representativa, pesquisa que não deixa de evocar o que tentamos analisar acima. É verdade que Grotóvski elabora, aparentemente, um teatro que só é representado para aqueles que o praticam, quase sem espectadores. Cf. Thomas Richards, *Travailler avec Grotowski sur les actions physiques*, e o ensaio de Grotóvski no mesmo volume: "De la compagnie théâtrale à l'art comme véhicule", Actes-Sud, 1995. Grotóvski escreve, por exemplo (p.185): "No espetáculo [forma da qual ele se afasta, D. Guénoun] o lugar da montagem é a percepção do espectador; na arte como veículo, o lugar da montagem está nos *atuantes*, nos artistas que agem". Num outro contexto, ele também afirma: "Não se está, então, nem no personagem nem no não personagem" (citado por Thomas Richards, *op. cit.*, p. 130).
35. *Op. cit.*, p. 164.
36. 1448 b 9-12 (tradução ligeiramente modificada: assim como M. Magnien, em *Poética*, Le livre de Poche, 1990, p. 105, eu prefiro "os fatos" a "a experiência prática" para *tôn érgon*, com o objetivo de evitar uma confusão com a questão da *práxis* aqui abordada).

lhes permitem que conheçam algo a respeito do que é olhado. Atividade intuitiva ou especulativa, que se pode designar, para manter a ressonância grega, como teórica: o olhar dos espectadores é, por três vezes, designado por *theōria*[37], e o adjetivo apresenta a vantagem de uma proximidade com o teatro, visto que *teatro* e *teoria* partilham esta referência ao ver – o teatro é o lugar de onde se vê. Lembremos que a indenização paga aos espectadores despossuídos para que fossem assistir ao teatro era chamada *theōrikón*. Aristóteles diz com precisão: esta visão faz conhecer. Vamos olhá-la de mais perto.

O olhar traz a aprendizagem. Mas lemos, além disto, que a referida aprendizagem proporciona prazer. E, neste ponto, uma diferença parece se instaurar em relação à outra aprendizagem, a que se dá na própria ação de representar[38]. O prazer (*hēdoné*) é evocado em muitas ocasiões na *Poética*, mas sempre no tocante aos espectadores. Trata-se de proporcionar prazer a eles, o prazer mais vivo e mais apropriado possível. Não está excluído, mas não é mencionado, que também se sinta prazer em proporcionar prazer aos espectadores. Pode-se também observar que, na frase que citamos no começo, o prazer é a marca distintiva que permite propor a existência da segunda "tendência", na medida em que a primeira é a que leva os homens, desde a infância, a representar, enquanto que a segunda é definida, em primeiro lugar, apenas do seguinte modo: é ela que leva a "sentir prazer nas representações". O prazer não parece, portanto, ao menos numa primeira leitura, ser um corolário obrigatório da aprendizagem. É um atributo do *ver*. "Temos uma prova nos fatos: temos prazer em olhar as imagens".

O que é, então, que, na visão, causa prazer? É a representação como tal. Não as características objetivas do que é visto porque, neste caso, deveríamos sentir prazer somente em ver coisas belas, no entanto sentimos prazer em olhar "as imagens mais apuradas das coisas cuja visão nos é penosa na realidade". Há, portanto, um

---

37. 1450 b 38 – 1451 a 2, onde os próprios espectadores são designados por *theōroûsin*. Cf. o comentário dos tradutores, *op. cit.*, pp. 214-215.

38. Lembremos que a tendência ativa ocasiona uma aprendizagem: "o homem se diferencia dos outros animais porque é particularmente propenso a representar (*mimetikótaton*) e porque recorre à representação (*miméseōs*) em suas primeiras aprendizagens (*máthēsis*)." 1448 b 6-8.

prazer da visão que está ligado à especificidade do mimético: um prazer visual tirado da representação como representação. Qual é a natureza deste prazer? Aqui Aristóteles fornece uma indicação notável. Recordemos: "se gostamos de ver imagens, é porque olhando-as aprende-se a conhecer". O prazer é, portanto, proporcionado pelo conhecimento, pela representação *como conhecimento*. Prazer trazido pela autonomia do conhecer: não pela coisa que se daria a ver, mas precisamente pelo fato de se (re)presentar e de esta representação produzir conhecimento. A que se deve então esta gratificação do conhecer, proporcionada pela representação? Aristóteles responde: "se gostamos de ver imagens, é porque, olhando-as, aprende-se a conhecer *e se conclui a respeito do que cada coisa é, como quando se diz: este aqui é ele*"[39]. Observação espantosa.

O que é que ela nos faz pensar? Em primeiro lugar, que estamos num dispositivo claramente antiplatônico: não somente a *mímēsis* é produtora de conhecimento (virtude que Platão lhe nega com todas as forças), mas também (o que dá no mesmo, certamente, mas aí está dito de um modo extremamente abrupto), a representação permite a quem olha concluir a respeito do ser daquilo que ele vê. Ela dá acesso ao ser do que é visto, e não apenas à aparência enganosa. A *mímēsis* informa a respeito da essência. Sua visada, cognitiva, causa prazer. Ora, este conhecimento é quase dedutivo: concluir é *syllogízesthai*, é quase articular um silogismo. Aquele que vê raciocina. Como dizíamos: teoriza. E seu prazer provém disto.

Mas o alcance desta observação talvez seja mais profundo. Efetivamente, uma tentação (interpretativa) se apresenta aqui. Seria possível, realmente, ao ler estas linhas na tradução que estamos citando[40], cair na tentação de pensar que este

---

39. 1448 b 15-17. Grifo meu.
40. Mas também em outras. Cf. tradução de J. Hardy, Les Belles Lettres, 1990, p. 33, reedição Gallimard-Tel, 1996, p. 82 ("esta figura é fulano") ou a tradução de M. Magnien, *op. cit.* p. 106 ("este retrato é fulano"). (Na tradução de Eudoro de Souza, *op. cit.*, p. 445, o trecho é traduzido do seguinte modo: "Efetivamente, tal é o motivo por que se deleitam perante as imagens: olhando-as, aprendem e discorrem sobre o que seja cada uma delas, [e dirão], por exemplo, 'este é tal'". N. da T.).

raciocínio do olhar conduz a um resultado comparável ao que nos faz dizer, ao ver alguém: este aqui é ele. O efeito da representação seria análogo ao que acontece quando atribuímos a um dado indivíduo sua identidade, quando nós o *reconhecemos*. Em matéria de representação, *o conhecimento seria um reconhecimento*[41]. E este reconhecimento procederia por *identificação*: como diante de um cadáver ou de uma silhueta. A representação, assim compreendida, nos permitiria atribuir à coisa vista, ou melhor, re-atribuir-lhe por re-conhecimento, o que nós conhecíamos (de um outro modo) como sendo sua identidade.

Estaremos então muito próximos daquilo que Louis Althusser considerava como uma das funções específicas da ideologia. Descrevendo a "função de *reconhecimento* ideológico", ele escrevia:

> Para citar um exemplo bem "concreto": todos nós temos amigos que, ao baterem à nossa porta e, ainda com esta fechada, ao perguntarmos "quem é?", respondem (porque "é evidente"): "sou eu!". De fato, nós reconhecemos que "é ela" ou "é ele". Abrimos a porta e "é verdade que é mesmo ela quem estava batendo".

Ele acreditava caracterizar assim um dos "rituais de reconhecimento ideológico"[42] e considerava, no fundo, o reconhecimento como uma das operações instituidoras da ideologia. Se cedêssemos à nossa tentação interpretativa, o olhar (que chamamos "teórico") lançado sobre a representação se veria investido de uma natureza "ideológica", no sentido althusseriano do termo. Certamente, é sempre uma questão de visão: a *idéa*, também ela, remete à visão. Ainda assim: esta assimilação não pode deixar de nos pôr em alerta. Em Althusser, como sabemos, ideologia e teoria se opõem por múltiplos litígios e rixas. E a questão que se coloca então é saber se nosso modelo "teórico" aceita a

---

41. Tentação partilhada pelos tradutores: "O prazer que a representação enquanto tal proporciona é um prazer de *reconhecimento*", *op. cit.*, p. 165.

42. "Idéologie et appareils idéologiques d'Etat", retomado em *Sur la reproduction*, PUF, 1995, p. 304. Sobre esta questão, cf. todo o desenvolvimento, pp. 302-307. (Em português: *Sobre a Reprodução*. Tradução de Guilherme João de Freitas Teixeira, Petrópolis, Vozes, 1999, p. 285).

inclusão do esquema do reconhecimento. Devemos admitir que o reconhecimento seja mesmo o indutor do conhecimento produzido pela representação, como parece à primeira leitura? A operação própria a este ato de ver é uma identificação? A resposta tem importância. Porque, supondo-a positiva, *é nesta identificação que se localizará a fonte do prazer*. A identificação distinguirá desde então entre a representação e a visão direta: nesta última não tenho que identificar o que se oferece a mim em sua identidade manifesta. A representação mostraria ao mesmo tempo este afastamento entre a coisa e a imagem (porque a imagem não é a coisa) *e* o preenchimento deste afastamento ("este aqui é ele"). A identificação realizaria este duplo movimento de *colocação e redução* da diferença representativa. *E este movimento seria o fornecedor de prazer*. Ao menos nesta hipótese.

Ora, se tentamos fazer funcionar este esquema sobre o que chamamos "teatro", as coisas se complicam muito. O que, na verdade, os espectadores teriam para *reconhecer*? A que tipo de identificação eles se entregariam? Se se fala de pintura, não há mistério algum. Vejo uma fruta pintada (ou um animal, ou um rosto), e o reconheço: estabeleço, por assim dizer, um elo de identificação entre esta figura feita de linhas e de cores e um ser real, existente fora da tela. Mas e no palco? Para os espectadores dos quais Aristóteles fala, que reconhecimento poderia ser produzido? Que elos eles seriam convidados a estabelecer entre o que acontece diante de seus olhos e – justamente, o quê?

Pode-se responder que os espectadores reconhecem deuses, heróis, sequências de história ouvidas em outros lugares (ao menos no caso da tragédia, sobre a qual os argumentos da *Poética* estão disponíveis, faltando as partes relativas à comédia). Lembramos que Aristóteles refuta vigorosamente esta hipótese: "não se deve querer a qualquer preço ater-se às histórias tradicionais que formam o tema de nossas tragédias; é uma exigência até ridícula *porque mesmo o que é conhecido só o é por uma minoria, o que não impede que isto agrade a todo mundo*"[43]. Não é, portanto, necessário que haja conhecimento

---

43. 1451 b 25-26. Grifo meu.

prévio nem, neste ponto, reconhecimento para que a representação produza seu efeito. Que outro objeto, preexistente à narrativa, os espectadores podem ser convidados a reconhecer? A *Poética* não para de martelar que a tragédia é feita de ações. O que é o "reconhecimento" de uma ação? Não somos levados a considerar que se identifique um ato – em geral é uma coisa ou alguém. O texto de Aristóteles sugere, entretanto, uma saída. O que pode funcionar como reconhecimento para uma ação é sua inscrição no campo de uma verossimilhança. Ou, segundo a fórmula mais frequente: de uma verossimilhança ou de uma necessidade. Ora, verossimilhança e necessidade não são critérios exteriores ao poema. Não são operações de ligação entre a ação representada e o que ela representa. Verossimilhança e necessidade dependem de relações de construção interna, de elos que se estabelecem entre as ações mostradas e outras que lhes são anteriores (ou posteriores). Verossimilhança e necessidade resultam do que se poderia chamar uma *lógica das ações*, que permite aos espectadores raciocinar, concluir – e sentir prazer nesta dedução[44]. E esta lógica pode agir contra o sentimento estabelecido da verossimilhança[45]. Ela pode até levar a mostrar o impossível: "É melhor preferir o que é impossível mas verossímil ao que é possível mas não persuasivo"[46]. Os espectadores têm assim que "reconhecer" o elo, interno à tragédia, entre as ações apresentadas em cena. O desvelamento é um poderoso detonador de prazer. Mas este modelo afasta qualquer hipótese de reconhecimento entre uma coisa imitada e uma outra, real, que valeria como sua referência. Ele torna inoperante o esquema que se tinha apresentado a nós como hipótese interpretativa para ler o texto da *Poética*. Ao fim, eis-nos levados a nos perguntar se é realmente de reconhecimento que se trata.

Voltemos, efetivamente, ao trecho que tinha despertado nossa tentação identificadora. Ali ficamos sabendo que o

---

44. 1451 a 13, 1451 b 35, 1452 a 20, 1454 a 34-36.
45. "É verossímil que muitas coisas ocorram também contra o verossímil", 1456 a 24. E também 1461 b 15.
46. 1460 a 26.

prazer é o que distingue a tendência ao olhar da tendência ao fazer ("os homens têm, inscritas em sua natureza, simultaneamente, uma tendência a representar [...] e uma tendência a encontrar prazer nas representações"). À nossa interrogação sobre a natureza desse prazer, Aristóteles respondia: "a razão disto é que aprender é um prazer" – o conteúdo do prazer (de ver) *está, portanto, no próprio aprendizado*. E ele acrescentava: "Efetivamente, se gostamos de ver imagens é porque, olhando-as, aprendemos a conhecer". Um elo muito estreito associa, portanto, o *prazer de conhecimento* e o aprendizado – o prazer é prazer da aquisição de um conhecimento que nós não possuímos. É o prazer proporcionado pelo advento de um conhecimento, sua vinda, sua formação. É preciso talvez então afirmar, contra a opinião dos próprios tradutores[47], que o *reconhecimento* não convém a este modelo, porque não é advento ou produção de conhecimento, mas reencontro de um conhecimento anterior, já ali. Somos aqui convidados a nos afastar do modelo platônico de conhecimento por rememoração, recognição, anamnese, para fazer justiça à possibilidade de uma *novidade do conhecimento*, de uma inovação cognitiva. E conceber, portanto, com Althusser, uma diferença marcante entre conhecer e reconhecer: conhecer sendo a operação propriamente teórica, e reconhecer a atividade distintiva do que ele chama ideologia[48]. Haveria portanto alguma coisa de propriamente teórico na atividade do olhar teatral lançado sobre as representações: vinda, formação, constituição de um conhecimento novo. E é esta atividade teórica que se produziria

---

47. Que, como dissemos, recorrem em seu comentário ao termo "reconhecimento". *Op. cit.*, p. 165. Eles não são os únicos: Cf., a respeito desta mesma passagem, H. G. Gadamer, *Vérité et méthode*, Seuil, 1976, p. 40. (Em português: *Verdade e Método*. Tradução de Flávio Paulo Meurer. Petrópolis: Vozes, 1997).

48. "Com efeito, o caráter próprio da ideologia é impor (sem que se dê por isso, uma vez que se trata de 'evidências') as evidências como evidências, que não podemos deixar de *reconhecer* e diante das quais temos a inevitável e natural reação de exclamar (em voz alta, ou no 'silêncio da consciência'): 'é evidente! e isto mesmo! é mesmo verdade!'. Nessa reação, se exerce a função de *reconhecimento* ideológico que é uma das duas funções da ideologia como tal (o reverso é a função de *irreconhecimento*)". *Op. cit.*, pp. 303-304. (Em português: *op. cit.*, p. 284).

como sequência conclusiva, raciocinante, *syllogízesthai*. Poderíamos dizer então que o que distingue esta aprendizagem (visual) da outra (prática) é o prazer de aprender. E este prazer é um prazer de conhecer. Um prazer de acesso ao ser do que é visto. Ou: um prazer de aprendizagem teórica.

Os tradutores assinalam, efetivamente, ainda a respeito deste trecho:

> A perspectiva de Aristóteles não é estética (no sentido moderno do termo), mas antes intelectual, cognitiva. Qualquer obra mimética [...] é uma transposição que desprende uma forma (*morphás*) [...] dissociando-a da matéria à qual ela está associada na natureza. O artista, que põe assim em evidência a causa formal do objeto, oferece à inteligência a oportunidade de uma atividade *sui generis*, de um raciocínio sobre a causalidade que é acompanhado pelo prazer[49].

O prazer deve, portanto, ser aqui claramente compreendido como prazer teórico, prazer da formação, da gênese (*atividade sui generis*) de um conhecimento não anteriormente constituído. Este conhecimento procede pelo desprendimento de uma forma. Isto porque ela é irredutível à visão simples: a visão apreende o conjunto constituído pela forma e por sua matéria, a forma não pode ser ali imediatamente isolada. Cabe ao conhecimento extraí-la. O prazer do conhecimento é o prazer desta abstração. Os comentadores observam logo adiante: "o quadro, que abstrai do modelo a *forma própria*, solicita as faculdades de raciocínio (*syllogízesthai*) e proporciona [...] *o prazer da descoberta*, que é simultaneamente prazer de espanto (*thaumázein*) e prazer de aprender (*manthánein*): 'veja, é ele' e 'é esta, então, sua forma particular'"[50]. O prazer teórico assim ativo no olhar sobre a representação é o *prazer da descoberta*, isto é, um prazer ligado à produção da novidade, que se determina então como gênese do conhecimento da forma. Conhecimento que a coisa não dá quando ela própria

---

49. *Op. cit.*, p. 164.
50. *Op. cit.*, p. 165. Cortei, na citação acima, a referência, conservada pelos autores, ao termo "reconhecimento", com o objetivo de tornar clara a hipótese que levantei e que se apoia sobre a leitura deles, mas ultrapassa os termos da interpretação que eles fazem.

se apresenta, e que reside na revelação, na abstração de uma *morphé*. Assim considerados, os espectadores de teatro não reconhecem o que eles já conhecem, não operam sua identificação ("ideológica", como diz Althusser), mas fruem da descoberta, inovadora para eles, da forma daquilo que eles veem. É esta abstração da forma que é conclusiva quanto ao ser. Concluir quanto ao ser não é reconhecer o que se vê. É produzir o desprendimento de uma forma que é a única que detém o recurso cognitivo. Esta atividade é uma intelecção. O prazer que ela faz nascer é exatamente de natureza teórica.

Isto significa que não há nenhum lugar, no "teatro" do qual fala Aristóteles, para o reconhecimento como identificação? Este teatro ignoraria o procedimento recognitivo ou ideológico? Não, claro que não. Este reconhecimento figura como tal na *Poética* sob o nome de *anagnórisis*[51]. Mas ainda aqui trata-se de um reconhecimento interno ao poema: a *anagnórisis* é o ato pelo qual um dos agentes da narrativa desvela, e atribui uma identidade já conhecida mas até então oculta. É o que acontece quando Ifigênia reconhece Orestes, seu irmão, no recém-chegado. Este reconhecimento não concerne ao elo entre a "plateia" e o "palco". Ele se inscreve na história, no sistema de fatos, na composição das ações. Ele concerne à vertente ativa do teatro e não à sua vertente "receptiva". "De todos os reconhecimentos, o melhor é o que resulta dos próprios fatos [*pragmátōn*]"[52]. O reconhecimento é uma categoria da ação, não do conhecimento. Ela afeta a prática, não a teoria.

Isto concerne, de todo modo, claramente, ao reconhecimento *do outro*, ao fato, para um dado agente, de reatribuir a um daqueles que o cercam uma identidade antes obscura, procedimento que compreendemos bastante bem que permaneça confinado no interior da narrativa. Aristóteles evoca, no entanto, uma segunda espécie de *anagnórisis*. É o reconhecimento de si, que sobrevém, por exemplo, (mas o exemplo é

---

51. 1459 a 29 s.
52. 1455 a 16. Cf. também 1450 a 34, 1452 a 16-21, 1452 a 32-38, 1455 b 34.

importante⁵³) quando Édipo se reconhece como o culpado que procura. Louis Althusser – novamente – considerava este último procedimento constitutivo da *interpelação como sujeito*:

> Então, sugerimos que a ideologia "atua" ou "funciona" de tal modo que "recruta" sujeitos entre os indivíduos (recruta-os a todos), ou "transforma" os indivíduos em sujeitos (transforma-os a todos) por essa operação muito precisa que designamos por *interpelação*, que pode ser representada a partir do próprio tipo da mais banal interpelação policial (ou não) de todos os dias: "psiu, você aí!"
>
> Supondo que a cena teórica imaginada se passa na rua, o indivíduo interpelado volta-se. Por esse simples movimento físico de 180 graus, torna-se um *sujeito*. Por que motivo? Porque reconheceu que a interpelação se dirigia "realmente" a ele e que "era *realmente ele* que estava sendo interpelado" (e não outra pessoa)⁵⁴.

E Althusser prossegue:

> Naturalmente, para maior comodidade e clareza da exposição de *nosso pequeno teatro teórico*, somos levados a apresentar as coisas sob a forma de uma sequência, com um antes e um depois [...]. Mas, na realidade, as coisas passam-se sem qualquer sucessão. A existência da ideologia e a interpelação dos indivíduos como sujeitos são uma só e mesma coisa⁵⁵.

Por que recorrer aqui a esta descrição, que parece muito afastada de nossas preocupações aristotélicas – e mais geralmente teatrais? É para encontrar nela, por *default*, uma interpretação possível relativa à ausência, em Aristóteles, de qualquer *reconhecimento de si* por parte do espectador. Já foi dito que Aristóteles considera insignificante o reconhecimento imitativo dos heróis ou dos "personagens", ao qual poderiam proceder os espectadores em referência a uma história já conhecida. Além disto, ele estrutura a *mímēsis* como ativa representação de ação, e não como imitação de estado ou

---

53. Sabe-se que a *anagnórisis* edipiana é referida por Aristóteles como "a mais bela" (1452 a 33). Este privilégio não está relacionado ao reconhecimento de si, mas à associação do reconhecimento ao "golpe de teatro", ou peripécia – ainda que a hipótese de um elo entre estes dois aspectos não seja indefensável. A este respeito, cf. Philippe Lacoue-Labarthe, *L'imitation des modernes*, Galilée, 1986, pp. 48-49. (Em português: *A Imitação dos Modernos: Ensaios Sobre Arte e Filosofia*, organização de Virginia de Araujo Figueiredo e João Camillo Penna, São Paulo, Paz e Terra, 2000).

54. *Op. cit.*, p. 305. (Em português: *op. cit.*, p. 286).

55. *Idem*, p. 306. Grifo meu. (Em português: *op. cit.*, p. 286).

de caráter. Neste sentido, compreende-se que ele não possa aplicar aos que olham o esquema do reconhecimento do outro, reservando a *anagnórisis* aos que agem, no âmbito da própria narrativa. Mas ele ignora também qualquer possibilidade de reconhecimento de si por parte do espectador, com uma indiferença soberana, que nos deixa tranquilos, nós que nos agitamos tão ruidosamente em torno desta questão[56]. Em nenhum caso o autor da *Poética* parece aventar a hipótese de que um espectador, diante dos infortúnios de Édipo, possa dizer a si mesmo: aquele ali sou eu[57]. É aqui que Althusser nos pode ser útil. Porque, na sequência que acabamos de ler, ele coloca o reconhecimento de si *sob interpelação* como a própria operação que institui o indivíduo como sujeito. Seguindo este raciocínio, poderíamos formular a hipótese de uma espécie de solidariedade fundamental entre a subjetividade ou a subjetivação e a presunção de culpa, que a sequência edipiana não poderia desmentir. O reconhecimento de si, a identificação (termo com cujas ressonâncias policiais Althusser joga de propósito) poderia, portanto, ser entendida como formadora da constituição (edipiana, portanto, culpada) do sujeito, da identidade (presumivelmente culpada) do sujeito edipiano. A constituição (edipiana) de si como sujeito estaria nesta inculpação identificadora: ou nos protestos de inocência que se inscrevem certamente na mesma estrutura. Édipo se reconhece – *como culpado*: é esta culpa que funda sua autoidentificação e a configuração que une estas duas citações (sou eu, sou culpado) é a mesma que o constitui como sujeito. Podemos então propor uma interpretação relativa à ausência radical de qualquer reconhecimento de si pelo "espectador" no espetáculo da tragédia. O espectador não pode assim se reconhecer (como Édipo, como aquele que é culpado) porque não há nenhum

---

56. Platão aborda uma questão muito próxima (por que nós nos permitimos chorar pela infelicidade de um outro?) mas sem a colocar, ele tampouco, em termos de reconhecimento, vendo nela antes algo como uma *transferência de prazer*, um contágio do prazer das lágrimas, o que é bem diferente. *Rep.*, X, 606b. Cf. em especial a tradução de P. Pachet, Gallimard-Folio, 1993, p. 512.

57. Cf. J. Starobinski, "Hamlet et Freud", em E. Jones, *Hamlet et Oedipe*, Gallimard, 1967, reedição Tel 1994, p. IX. (Em português: cf. E. Jones, *Hamlet e o Complexo de Édipo*, tradução de Álvaro Cabral, Rio de Janeiro, Zahar, 1970).

lugar, no teatro do qual Aristóteles dá testemunho, para *o espectador identificado como sujeito*. Nada, na tragédia que o dispositivo aristotélico nos descreve, interpela o espectador como sujeito, nada lhe atribui a posição presuntiva, jurídica, da subjetividade. O sujeito será apanhado, posteriormente, numa outra história – num outro Direito. A *Poética* conhece agentes, que agem, e aqueles que olham, que consideram. Mas não há sujeito-espectador.

Resumindo: o teatro a respeito do qual a *Poética* dá testemunho aproxima dois campos heterogêneos. O campo da *mímēsis* ativa: produção, desenho, (re)presentação de ações. Este campo se apresenta, diante de nosso olhar moderno, como curiosamente unitário: estranho à divisão imitativa e, no fundo, não parecendo conhecer nosso afastamento entre a imagem e o real. Os agentes parecem mover-se aí tanto no plano que nós consideraríamos fictício, como personagens, quanto naquele que chamaríamos de cênico, como atores. Campo que permanece estranho ao regime do reconhecimento identificador, visto que a identificação trabalha para reduzir a diferença representativa, que deve, portanto, ser previamente estabelecida.

E, diante da *mímēsis*, o campo de uma visão que se pode chamar de *teórica*: campo onde opera um olhar cognitivo, que abstrai formas e se compraz com sua emergência. Poderíamos objetar que esta concepção teórica do olhar dos espectadores desconhece tudo o que a *Poética* diz da emergência das paixões, do terror e da piedade, e, portanto, da *kátharsis*. Não podemos ter certeza. É possível pensar que mesmo o passional ou o emocional só entram neste campo depurados, purificados por sua inscrição no registro de uma atividade de conhecimento. E que isto seja o que caracteriza a operação catártica.

> Da simples visão (*hóran*) das coisas mesmas [...] passa-se, diante do produto da *mímēsis*, a um olhar (*theōrein*) que se faz acompanhar de intelecção (*manthánein*) e, portanto, de prazer. A *kátharsis* trágica é o resultado de um processo análogo: posto em presença de uma história (*mýthos*) na qual ele reconhece as formas, sabiamente elaboradas pelo poeta, que definem a essência

do lamentável e do aterrorizante, o espectador experimenta a compaixão e o terror, mas sob uma forma quintessencial e a emoção depurada que o assalta [...] é acompanhada de prazer[58].

Assim interpretada, a *kátharsis*, longe de despertar nos espectadores aquelas emoções em sua patologia imediata, submete os transportes emotivos a uma purificação que é a da própria abstração. A *kátharsis* opera como efeito da cognição. Piedade e terror não escapam à teorização que marca a *mímēsis*. Ao menos enquanto são considerados como fatos de teatro, e não como puras operações de assalto ao espectador pelos terrores do visível[59]. Porque Aristóteles estabelece sobre este fundamento uma distinção, muito rigorosa, entre o espetáculo e o teatro.

> Aqueles que, pelos meios do espetáculo [*ópseôs*], produzem não o aterrorizante mas apenas o monstruoso, nada têm ver com a tragédia, pois não se deve pedir à tragédia qualquer tipo de prazer, mas apenas aquele que lhe é próprio. Ora, como o prazer que o poeta deve produzir vem da piedade e do terror *despertados pela atividade representativa* [*dià miméseōs*], é evidente que é *nos fatos* [*prágmasin*[60]] *que ele deve inscrever isto ao compor* [*empoiētéon*][61].

Assim o espetáculo é aqui claramente relacionado a um regime da visão direta, imediatamente provedora de afetos. Enquanto que o teatro é pensado a partir da produção da história, oferecida a um olhar cognoscente. Teatro teórico, portanto – pelo mérito de sua visão dedutiva, lógica – enquanto o espetáculo se ateria à mostração de monstros, à eficácia patogênica, direta do visível. Aqueles que hoje se empenham em reabilitar o espetáculo, descobrindo nele as virtudes da mediação e da distância (e anexando a ele o teatro, como se este fosse uma de suas subespécies), poderiam talvez meditar com proveito sobre esta oposição[62].

---

58. Dupont-Roc e Lallot, *op. cit.*, p. 190.
59. 1453 b 1-6.
60. Quer dizer, nas ações realizadas.
61. 1453 b 8-14. Grifo meu.
62. Cf. R. Debray: "L'homme a besoin du spectacle pour accéder à la vérité", *Le Monde des Livres*, 19-07-96, p. VIII. E também: "Pourquoi le spectacle?" em *Les Cahiers de médiologie*, 1, "La Querelle du spectacle", pp. 5-13.

A necessidade do teatro, pensado segundo o modo aristotélico, se revela então como fundamentalmente dupla: necessidade de uma prática (cênica) e de uma teoria (espectadora). Agarradas às duas vertentes da *mímēsis*, estas duas operações parecem responder a duas espécies de necessidades, ambas naturais, mas que nada de essencial liga: necessidade de representar, necessidade de olhar o que se representa. Como compreender então que possa se constituir, em sua unidade, algo como "o teatro", para empregar nossa designação moderna? Qual pode ser a necessidade desta aproximação? Aqui é preciso conjeturar: o texto da *Poética* não responde nada de explícito. Mas podemos nos aventurar a deduzir o que ele não diz. Podemos pensar que esta união procede, logicamente, do fato de que esta prática e esta teoria se implicam reciprocamente. A prática não se basta com sua autoefetivação, é-lhe necessário se apresentar a um olhar que distinga e descubra suas formas inteligíveis. O teatro atestaria portanto *que não há prática pura*, mas que a prática (ao menos a prática que desperta os humanos desde a infância, dando-lhes a possibilidade de aprender por [re]presentação) quer ser considerada, teorizada, conhecida. Por seu lado, a visão (teoria) não pode se bastar como contemplação pura das coisas em sua fenomenalidade, seu aparecer imediato, sua presença, mas quer conhecer representações, atos miméticos, práticas: fatos compostos como histórias. O teatro diria então que são necessárias à teoria não coisas que se mostram, mas histórias ativas. Ou: que as coisas jamais *se* mostram, contrariamente aos ideologemas da moda, mas que o conhecimento as apreende como realizações práticas. E o teatro, como unidade que engloba, responderia a (ou: por) esta necessidade: necessidade, vital ou viva – natural –, de uma visão cognoscente de histórias em ato.

A *Poética* comprova, contra nossos olhos reticentes, a existência deste teatro de práticos e teóricos associados. Que ele tenha ou não existido é uma outra questão: não temos que decidir aqui se o livro é um documento fiel ou uma ficção especulativa. Uma coisa é certa: o sistema que ele expõe está hoje, irremediavelmente, destruído. Este teatro não pode, de modo algum, ser mais o nosso. E a necessidade, eventual, de nosso teatro não pode absolutamente resultar de suas disposições. É preciso tentar compreender o movimento que nos lançou para fora de sua paisagem.

II

La pratique du théâtre, de François Hédelin, abade d'Aubignac, data de 1657[1]. Seria sem dúvida apaixonante conhecer em detalhes a história da gênese dessa obra[2]: texto engajado, que desejava agir no sentido de soerguer, de recuperar o teatro[3] que d'Aubignac considerava, juntamente com muitos de seus contemporâneos, como tendo desaparecido na noite medieval para só renascer no século XVI, sob formas menores, bufas, ignorantes das normas da Arte[4]. Teatro que, a

1. L'Abbé d'Aubignac, *La Pratique du théâtre*, edição estabelecida e prefaciada por P. Martino. Publications de la Faculté des Lettres d'Alger, Iª série, t. II, J. Carbonel ed., Alger, 1927. Como esta edição não é a mais citada habitualmente, farei referência aos capítulos, além do número das páginas.
2. Cf. o prefácio de P. Martino, pp. I-XXIX.
3. Cf. "Projeto para a Recuperação do Teatro Francês", *Ibid.*, p. 387 sq.
4. "A arte de compor os poemas dramáticos, e de representá-los, parece ter tido o mesmo destino que os soberbos edifícios, onde os antigos os haviam tantas vezes admirado. Ela seguiu a derrocada destes prédios e por muito tempo esteve como que soterrada sob as ruínas de Atenas e de Roma.

41

partir de meados do século XVII, se procurou restaurar em seus fundamentos, elevando-o à altura de sua dignidade. D'Aubignac (conselheiro de um Richelieu cujo engajamento nesta luta foi da maior importância[5]) tomou parte ativa neste combate – com mais algumas pessoas, claro. E a história desta luta coletiva é ainda mais fascinante na medida em que *produziu aquilo que pretendia*: em 1680, o teatro tinha mudado de face, uma outra "prática do teatro" tinha vindo à luz e tomado a dianteira.

Ora, lendo o texto do tratado podemos, num primeiro momento, acreditar que estamos num universo muito próximo ao da *Poética*. D'Aubignac não para de citar Aristóteles, cujos princípios ele pretende explicitar para que sejam novamente respeitados. Além disto, a "prática do teatro" na qual ele se empenha é, na verdade, bastante *poética*. A ressonância moderna do título não nos deve enganar: a obra não visa questões cênicas, trabalho de atores ou direção de trupes. Sua "prática" é a do dramaturgo. "Ao longo desta obra não tive outro propósito senão o de instruir o poeta de várias particularidades que julguei muito importantes para que se forme a contento uma peça de teatro"[6]. Ou, mais precisamente ainda:

> No tocante às observações que era necessário fazer sobre [...] a habilidade para preparar os incidentes, para reunir os tempos e os lugares, a continuidade da ação, a ligação das cenas, os intervalos dos atos, e cem outros detalhes, não nos restou nenhum relato da Antiguidade e os modernos falaram tão pouco sobre o assunto que é possível dizer que eles nada escreveram a respeito. É a isto que chamo Prática do teatro[7].

Para ele, como para Aristóteles, todo o *fazer* do teatro (o que nós chamaríamos o "fazer teatro") está reunido na escrita, a fábrica das obras destinadas ao palco. E se encontramos na obra, como em Aristóteles, algumas observações sobre outros

---

E quando foi recuperada nos últimos tempos para ser revivida neste Reino, surgiu como um corpo exumado, horrendo, disforme, sem vigor e quase sem movimento." *Idem*, livro I cap. I, p. 15. Modernizei a grafia.

5. *Ibid.*, livro I, cap. I, pp. 16-17.
6. *Ibid.*, livro III, cap. III, p. 185.
7. *Ibid.*, livro I, cap. III, "Sobre o que se deve entender por Prática do Teatro", p. 22.

aspectos da "prática", é, no entanto, a feitura dos poemas que concentra sua atenção.

Mas d'Aubignac nos parece próximo da *Poética* também por uma outra razão. É que, seguindo o uso clássico, seu texto denota uma espécie de indecisão no emprego das palavras "ator" e "personagem". "Ator" é entendido às vezes em nosso sentido moderno: evocando o teatro pouco depois de seu "soerguimento" quando, ainda convalescente, ele não tinha se recuperado segundo os princípios da arte, d'Aubignac escreve: "Os atores não tinham compreensão alguma do ofício que exerciam"[8]. Neste caso trata-se dos atores. Mas ele nota em outra passagem que "os antigos poetas raramente fazem os atores morrerem em cena"[9], o que, com certeza, se refere aos personagens – uso corrente em Corneille e em todos os escritores daquela época. De um termo a outro, o sentido pode permanecer indeterminado, o que poderia levar a acreditar numa espécie de indistinção análoga à dos *práttontes* da *Poética*: afinal, "atores" pode valer como tradução adequada do termo grego e designar, na mesma ambiguidade, aqueles que agem no palco[10]. Assim d'Aubignac, lendo Aristóteles, opõe o coro "aos outros atores que são, em geral, bem mais atuantes"[11], o que, para nós, pode ser compreendido tanto como referência aos outros personagens, mais engajados na história, quanto aos outros intérpretes, mais ativos na representação. Uma flutuação comparável atinge a palavra "personagem". Ela vale, como hoje, para o ser de ficção: d'Aubignac cita Demóstenes que, para falar mal de Ésquino, quer "revelar que ele tinha sido histrião, mas muito ruim *e representava apenas o terceiro personagem*"[12]; aqui, "personagem" é empregado numa acepção mais próxima do uso moderno. Enquanto que, quando ele nos recorda "que no tempo de Téspis havia [...]

---

8. *Ibid.*, livro I, cap. I, p. 15.
9. *Ibid.*, livro III, cap. IV, p. 208.
10. Um século mais tarde, Rémond de Sainte-Albine citará ainda "a designação de atores, que só é atribuída aos personagens de uma obra dramática porque estes devem ser sempre agentes". Cf. *Le Comédien*, em *Diderot et le théâtre II, l'Acteur,* apresentação A. Mesnil, Agora-Pocket, 1995, p. 203.
11. *Ibid.*, livro III, cap. IV, p. 198.
12. *Ibid.*, livro III, cap. III, p. 192. Grifo meu.

coros antigos e atores que faziam *este novo Personagem ou Histrião*", o termo, tomado como sinônimo de histrião, designa a aparição do ator como tal[13]. Nuances refinadas: mas cujo refinamento atesta que as palavras deslizam com facilidade de um sentido a outro. Poderíamos, portanto, supor que d'Aubignac, como Aristóteles, estava pouco preocupado em distinguir aqueles que agem na história daqueles que agem no palco.

Ora, não é nada disto. O equívoco é de língua, todo o esforço de d'Aubignac, ao contrário, pretende reduzi-lo. Sua iniciativa, mesmo tributária da *Poética* e acreditando ser-lhe fiel, de fato, dela se distancia, assume sentido por esta distância e se empenha em aprofundá-la.

A primeira diferença, por onde a distância se instaura, diz respeito à atitude em relação aos espectadores. A *Poética*, como vimos, é (para expressá-lo em termos modernos) poética, ao mesmo tempo, da ação e do olhar. Os dois domínios, distintos, procedem de duas necessidades distintas, mas o fato do teatro os reúne e os torna solidários. Com *La Pratique du théâtre*, embora não pareça, não é bem isto o que ocorre. D'Aubignac intitula um capítulo "Dos espectadores e do modo como o poeta os deve considerar". Nele, d'Aubignac menciona, mas para dela se demarcar, a possibilidade de uma espécie de teoria da posição espectadora.

> Meu objetivo não é aqui ensinar àqueles que veem representar uma tragédia o silêncio que eles devem respeitar, a atenção que devem prestar, o comedimento que devem ter quando a julgarem, com que espírito devem examiná-la, o que devem fazer para evitar erros [...] e mil outras coisas que talvez pudessem com muita propriedade ser *explicadas*[14].

Este ensinamento seria muito normativo: mas toda a iniciativa de d'Aubignac é, ao mesmo tempo, crítica e prescritiva. O exame seria, portanto, cabível e, conforme D'Aubignac

---

13. Isto é, e d'Aubignac insiste nisto: aquele que representa sem cantar. *Ibid.*, livro III, cap. IV, p. 189.
14. *Op. cit.* livro I, cap. VI, p. 34. Grifo meu.

insinua, não desprovido de utilidade. O autor não vai se dedicar a ele. "Pretendo falar dos espectadores por causa do poeta, e apenas em relação a ele, para lhe dar a conhecer como ele os deve ter em mente quando trabalha para o teatro"[15]. A *prática* é, portanto, neste caso, exclusivamente, um *fazer*: ficará faltando a outra análise. O pensamento do olhar só existirá como ausência.

Mas observemos, além disto, que, longe da unidade concedida por Aristóteles à *práxis* cênica como ação, a *prática* de d'Aubignac abre sobre dois espaços profundamente heterogêneos, cuja unidade contraditória o teatro terá como tarefa assumir. O abade dedica o essencial de seu esforço teórico a inscrever, acusar, aprofundar a distinção entre eles. Quais são estas duas instâncias? Por um lado, o que ele chama de espetáculo, ou representação, domínio daquilo que efetivamente acontece em cena: "São príncipes desenhados, palácios em telões coloridos, mortos de mentira." Há aí atores, cenário, maquinaria. "Faz-se falar os personagens em língua vulgar[16], e ali todas as coisas devem ser sensíveis"[17]. A esta vertente se opõe o que d'Aubignac chama "a história verdadeira, ou que se supõe verdadeira". Registro do que aconteceu fora da representação e, portanto "de verdade" – esta verdade real ou suposta, que participa exatamente do que nós chamamos ficção: a coisa representada, o significado do signo teatral (história, personagens, discurso e ações), em sua heterogeneidade em relação à própria representação, à concretude cênica daqueles que representam. Neste campo, "as pessoas [...] são consideradas pelas características de sua condição, idade, sexo, seus discursos são considerados como tendo sido pronunciados, suas ações como tendo sido executadas". É verdade que d'Aubignac acrescenta: "sei que o poeta é soberano, que ele dispõe da ordem e da economia de sua peça como lhe agrada, [...] e que ele inventa as intrigas". Mas isto não afeta a distinção de que se está tratando, porque "é, contudo, verdade que todas

---

15. *Ibid.*.
16. Quer dizer, em francês, mesmo se, supostamente, eles são gregos.
17. *Ibid.*, pp. 34-35.

estas coisas devem ser tão bem ordenadas *que pareçam ter acontecido por si mesmas* [...] E, apesar de ele ser o autor, ele deve manejá-las com tal habilidade *que simplesmente não pareça que ele as escreveu*"[18]. Trata-se portanto de uma verdade suposta, mas cuja hipótese sustenta a existência do teatro.

Ora, estes dois registros diferem radicalmente quanto ao olhar. No espetáculo ou na representação, "há espectadores"[19]. A presença deles ali é muito ativa. "O poeta, levando em consideração em sua tragédia o espetáculo ou a representação, [...] faz tudo o que sua arte e seu espírito lhe podem sugerir para torná-la admirável para os espectadores: *porque ele trabalha para agradar a eles*". Este primeiro registro é, portanto, regido pelo imperativo do prazer, porque os espectadores constituem o horizonte da representação. Na representação o poeta "procurará todos os meios de conquistar a estima dos espectadores *que, naquele momento, estão presentes apenas em seu espírito*"[20]. Na representação, os espectadores são reis, o prazer deles é a regra. No segundo domínio, onde o poeta "considera em sua tragédia a história verdadeira ou que ele supõe verdadeira", ocorre o contrário e esta preocupação deve passar a um segundo plano. Aqui o critério de legitimidade é de natureza completamente distinta, é a *verossimilhança*, conceito-chave que d'Aubignac escreve segundo a grafia antiga *"vray-semblance"**, com um traço de união para nós muito sugestivo. Desejando ser-lhe fiel, o poeta "faz tudo como se não houvesse espectadores" e os personagens devem agir "como se ninguém os visse nem ouvisse, fora aqueles que estão em cena atuantes"[21].

A distinção entre o regime da representação e o da história se apoia, em fim de contas, na presença (efetiva) ou na ausência suposta dos espectadores. Ali a *prática* do teatro se cinde: unificada em Aristóteles, como *mímēsis práxeōs*, ela vai se dividir entre uma prática efetiva, cênica, submetida à

---

18. *Ibid.*, pp. 35-36. Grifo meu.
19. *Ibid.*, p. 35.
20. *Ibid.*, p. 38. Grifo meu.
*. Numa tradução literal: verdadeira-semelhança ou verdadeira-parecença. (N. da T.)
21. *Ibid.* Grifo meu.

existência dos espectadores e a seu prazer, e uma referência suposta, que nós chamaríamos de imaginária, da qual todo o público está, por assim dizer, ausente. A *prática* expulsa para além de si própria a lógica das ações. Ela a *escorraça*[22], submetendo-se, a partir disto, a algo com que Aristóteles não se havia preocupado: a ação imaginária, o sistema destas espécies de idealidades teatrais, dotadas de vida própria, que transcendem a representação porque ficticiamente sem plateia e, portanto, em alguma medida, *privadas* (de qualquer público que exija que lhe proporcionem prazer). A quarta parede não vai demorar a cair.

O gesto específico (e a contribuição singular) de *La Pratique du théâtre* consiste no fato de traçar, muito metodicamente, e, é preciso reconhecer, talentosamente, esta clivagem no cerne de todos os elementos que compõem o teatro (lugar, tempo, ação) a fim de tirar as consequências propícias à regeneração da arte. Pedimos licença para citar aqui, de forma um pouco longa, a belíssima página do capítulo "Sobre a mistura da representação com a verdade da ação teatral", na qual d'Aubignac resume e reitera o trabalho desta dissociação que ele quer instaurar:

> Chamo, pois, de verdade da ação teatral a história do poema dramático, na medida em que ela é considerada verdadeira, e todas as coisas que aí se passam são encaradas como tendo verdadeiramente ou possivelmente acontecido. Mas chamo de representação a reunião de todas as coisas que podem servir para representar um poema dramático e que ali devem estar, considerando-as em si mesmas e de acordo com sua natureza, como os atores, os cenógrafos, os telões pintados, os violinos, os espectadores e outras coisas semelhantes.
>
> Que o Cinna* que aparece no palco fale como um romano, que ele ame uma Emília, que ele aconselhe a um Augusto que conserve o Império; que conspire contra ele e que receba seu perdão, isto pertence à verdade da ação teatral. Que esta Emília pareça tomada de ódio contra Augusto e de amor por Cinna, que ela deseje ser vingada e que tema a realização de um tão grande

---

22. Cf. L. Althusser, "Sur le *Contrat Social* (Les décalages)", *Cahiers pour l'analyse 8*, Seuil, 1969, pp. 29-30. (Em português: *Sobre o Contrato Social: Os Efeitos Teóricos e as Interpretações Possíveis do Problema*, Lisboa, Iniciativas Editoriais, 1976).

*. *Cinna*, peça de Coreneille à qual pertencem os personagens citados. (N. da T.)

desejo, isto é ainda do âmbito da verdade desta ação. Que Augusto comunique a dois pérfidos a ideia que lhe ocorre de abandonar o trono: que um o aconselhe a conservá-la e o outro lhe aconselhe o contrário: isto pertence à verdade da ação. Enfim, tudo o que nesta peça pode ser considerado como uma parte, e uma parte necessária de toda esta aventura, deve pertencer à verdade da ação, e é por aí que se examina a verossimilhança [*vray-semblance*] de tudo o que se faz num poema, a conveniência das palavras, a ligação entre as intrigas, e a adequação dos acontecimentos. Aprova-se tudo o que se acredita ter se passado na verdade, ainda que suposta, e se condena tudo o que se acredita contrário ou pouco adequado às ações humanas.

Mas que Floridor ou Beau-Chasteau* façam o personagem de Cinna, que sejam bons ou maus atores, que estejam bem ou mal vestidos, que haja um tablado para colocá-los acima e separados do público; que ele seja enfeitado com telões pintados, e com ilusões agradáveis, que fazem as vezes de palácios e muralhas; que os intervalos entre os atos sejam marcados por dois péssimos violões ou por uma excelente música; que um ator suma por trás de uma tapeçaria quando afirma que vai aos aposentos do rei; que fale com a própria mulher, quando finge falar a uma rainha, *que haja espectadores presentes*; que eles pertençam à Corte ou à cidade; sejam numerosos ou não; que se conservem em silêncio ou façam barulho; estejam em camarotes ou na plateia; que os gatunos provoquem desordens, ou que sejam reprimidos: todas estas coisas fazem parte, e, no meu entender, dependem da representação[23].

Este trecho demonstra fartamente a articulação da qual falamos acima. Ele assinala em particular, com grande nitidez, a inscrição dos espectadores apenas no regime da representação e sua exclusão do campo da "verdade". Mas o que nos importa é apontar que *devia, portanto, haver utilidade em estabelecer esta distinção:* se d'Aubignac teve necessidade de precisá-la com tanto zelo e método, com exemplos tão claros e tão desenvolvidos, é porque *a separação entre a representação e a fábula não era algo estabelecido* nem evidente. Não imaginamos que este autor, tão informado a respeito do teatro, tão erudito, se empenhasse tanto em afirmar esta dualidade caso ela fosse (como hoje nos parece) evidente e aceita por todos. É preciso admitir que a *instituição da diferença representativa é aqui uma novidade,* ao menos para o teatro[24], e que este

---

*. Atores contemporâneos de d'Aubignac. (N. da T.)
23. *Ibid.*, livro I, cap. VII, pp. 43-44. Grifo meu.
24. Visto que d'Aubignac se apoia no exemplo da pintura, em que a dissociação já lhe parece legível: "Recorro aqui à comparação com um quadro, do qual resolvi me servir com frequência neste tratado [...]". Livro I, cap. VI, p. 34.

texto é um dos que trabalham com empenho para produzi-la. O tratado voltará a ela escrupulosamente, cada vez que examinar um novo componente do poema dramático, numa incansável obstinação[25].

Compreende-se então que d'Aubignac se ocupe com tanto empenho em estruturar a distinção entre o ator e seu personagem. Logo em seguida à página que acabamos de ler, ele escreve:

> Assim Floridor e Beau-Chasteau, *no que são em si mesmos,* não devem ser considerados senão representantes; e este Horácio[*] e este Cinna que eles representam devem ser considerados em relação ao poema como verdadeiros personagens: porque são eles que se supõe que agem e falam e não aqueles que os representam, como se Floridor e Beau-Chasteau *deixassem de ser pessoas reais,* e se vissem transformados nestes homens cujos nomes e interesses eles carregam[26].

Todos os elementos invocados são aqui discriminantes: a oposição marcada entre personagens e representantes (d'Aubignac não se contenta de chamá-los "atores", sem dúvida devido ao caráter equívoco do termo que recordávamos acima); a inserção dos personagens no registro do "verdadeiro", sob o qual d'Aubignac pensa e designa o que nós chamamos de ficção; a suposição das ações e palavras deles; e, sobretudo, o fato de que os atores, caracterizados por "aquilo que eles são em si mesmos", devem exatamente se desprender de seu ser para entrar na verdade do representado: "como se [eles] deixassem de ser pessoas reais e fossem transformados nestes homens cujos nomes eles carregam". Aqui já se encontram posicionadas todas as peças de um dispositivo que, por muito tempo ainda, dará o que falar: o da "transformação" do ator em seu personagem, metamorfose, eclipse suposto destes seres que temos bem diante dos olhos, e que nos dá a ver outros seres, considerados ausentes e, entretanto, oferecidos ao nosso olhar.

Eis-nos bem longe da *Poética* e de seus *atuantes,* igualmente atores e ativos: um mundo nasceu, a *prática* passou

---

25. Por ex.: livro II, cap. III, p. 83 *sq.,* cap. VI, p. 99 *sq.,* cap. VII, p. 113 *sq.*
*. *Horácio,* peça de Corneille. (N. da T.)
26. *Ibid.,* livro I, cap. VII, p. 44. Grifo meu.

para o regime da cisão que institui as imagens. D'Aubignac se refere a isto utilizando exatamente os termos da questão que nos ocupa: "É certo que o teatro não é nada além de uma imagem"[27]. E mais: "o teatro não é nada além de uma representação, não se deve absolutamente acreditar que ali não há nada do que vemos, mas as próprias coisas cujas imagens encontramos"[28].

Acontece que d'Aubignac, prevenido, abre seu tratado com um capítulo "em que se trata da necessidade dos espetáculos"[29]. É compreensível que dediquemos alguns momentos de nossa atenção a ele.

A tese defendida neste capítulo se baseia numa resposta muito abrupta à questão: *para quem* os espetáculos são necessários? O abade responde: para os Príncipes, para os governantes, para "todos estes incomparáveis e famosos gênios que o céu escolhe de tempos em tempos para o estabelecimento do Estado ou a condução dos povos"[30]. A necessidade dos espetáculos é, portanto, colocada, de saída, como necessidade política, ao menos se compreendemos por estas palavras (o que é discutível): necessidade de Estado. O que nos afasta mais um pouco da *Poética*: em Aristóteles, se a dimensão política do teatro não é ignorada[31], contudo ela tampouco se manifesta no texto de forma direta. Sua necessidade, como vimos, se inscreve na natureza dos homens, em sua constituição *física*, mais que explicitamente em sua organização comunitária. Em d'Aubignac a situação é totalmente diferente. O raciocínio vai se tornando progressivamente mais complexo. Primeiro ele afirma que os governantes (ao menos os mais poderosos) não se contentam com tornar seus povos

vitoriosos sobre os inimigos pela força das armas, enriquecê-los com todas as maravilhas da natureza e da arte por meio do comércio com os países

---

27. *Ibid.*, livro II, cap. III, p. 83.
28. *Ibid.*, livro II, cap. VI, p. 100. Grifo meu.
29. *Ibid.*, livro I, cap. I, p. 5 *sq.*
30. *Ibid.*, p. 5.
31. Cf. J. Taminiaux, *op. cit.*, pp. 33-59.

estrangeiros, e suavizar-lhes os costumes pelos mais belos e honestos conhecimentos [...] estes grandes políticos têm o hábito de coroar seu ministério com os prazeres públicos[32].

A guerra, o comércio, o saber não bastam a estes ministros: os espetáculos participam de um *coroamento* da ação de governo pela outorga de prazeres coletivos. Festas, jogos, espetáculos se veem apresentados como as "marcas mais sensíveis e mais gerais [...] da grandeza de um Estado"[33]. O que está em jogo, nestes "divertimentos ilustres", é o Estado e sua grandeza. Oferecendo prazeres ao povo, é o espetáculo de sua grandeza que o Estado lhe oferece, e não só a ele, mas a si mesmo. Os argumentos são múltiplos: em tempo de paz, em primeiro lugar, os espetáculos atestam que o Estado dispõe de inumeráveis bens, de luxo, que ele está apto a bancar a despesa improdutiva, para a qual ele sabe encontrar "muitos artífices hábeis", mostrando com isto que nada lhe falta e que ele pode arcar generosamente com a ostentação. Em tempo de guerra, é um modo de provar aos inimigos que existem "tesouros inesgotáveis e homens sobrando", que a tranquilidade pública não é perturbada pelas campanhas passadas ou futuras, que se sabe rir, jogar e "que a alegria pública não é minimamente alterada"[34] pelas hostilidades em curso. Mas os espetáculos não se justificam apenas pela exibição "de um esplendor vazio e inútil". Eles também têm utilidade, direta – para o Estado, claro. Como espetáculos da guerra, em especial, que são muito comuns. D'Aubignac observa que o medo é frequentemente racional e que a coragem pede do espírito humano "o que talvez a razão não pudesse conseguir". Alguns medrosos poderiam ter o mau gosto de perceber *racionalmente* que na guerra eles têm tudo a perder. Ora, os espetáculos "acostumam pouco a pouco os homens a manejar as armas, tornam-lhes familiares os instrumentos da morte e lhes inspiram insensivelmente a firmeza de coração contra todos os tipos de perigos". Com eles o medroso pode adquirir "um desejo qualquer de vencer que o

---

32. *Op. cit.*, *ibid.*
33. *Ibid.*, p. 6.
34. *Ibid.*, *id.*

anima, entusiasma e transporta para além de suas fraquezas naturais", ele pode encontrar no espetáculo uma espécie de excitação combativa, que lhe faz falta, por meio da "narrativa brilhante das virtudes heróicas" que lhe mostrarão alguns guerreiros lendários e por meio do que lhe aparecerá a partir daí como "nobre desejo de os imitar"[35]. Notemos aqui a irrupção notável de uma relação que tínhamos procurado em vão na *Poética*, a relação que torna possível uma *imitação* do herói por um espectador e propicia os desenvolvimentos posteriores da relação mimética, não mais no interior da narrativa, mas entre a plateia e o palco.

Aproximamo-nos pois, aqui, mais especificamente, das obras de teatro. Porque elas, além das diversas utilidades festivas que compartilham com outros espetáculos "são não apenas úteis mas absolutamente necessárias" para a instrução do povo: elas podem dar a ele, inculto e desprovido de educação moral, "algum verniz das virtudes". Este ponto é precioso para nós. D'Aubignac observa, efetivamente, que "aqueles que pertencem às últimas posições e às mais baixas condições de um Estado têm tão pouco contato com os belos conhecimentos que as máximas mais gerais da moral lhes são absolutamente inúteis." Inúteis porque o acesso às máximas gerais da moral requer contato com os conhecimentos. As máximas da moral são desprovidas de eficácia direta, autônoma, sua ação é condicionada pela cultura dentro da qual elas são recebidas. Não basta submeter o povo a prescrições gerais, ele não poderá fazer nada com elas, porque não sabe o que fazer. A moral exige um outro veículo. D'Aubignac invoca a filosofia: ela é abstrata demais para ser compreendida pelo povo. Suas "sublimes especulações" são incapazes de penetrar as virtudes simples da renúncia, do desprezo das recompensas, do desdém pelo interesse material. É notório que os poderosos compreendem tudo isto sem esforço. O povo não: "todas estas verdades da sabedoria têm cores vivas demais para a sabedoria dos olhos deles". E ainda pior: a forma abstrata e especulativa pela qual a filosofia enuncia

---

35. *Ibid.*, p. 7.

seus pensamentos vigorosos pode ter um efeito de refugo, que provoca repugnância: "são paradoxos para eles, que tornam a filosofia suspeita a seus olhos e mesmo ridícula". Para se precaver contra este efeito, é preciso utilizar meios mais bem adaptados a estes espíritos simplórios. "Para eles é necessária uma instrução bem mais grosseira". É aqui que o teatro vai mostrar sua capacidade principal, porque "a razão não os pode vencer a não ser pelos meios que *incidem sobre os sentidos*". Esta é a virtude do teatro: apresentar a moral não na roupagem especulativa da filosofia, mas sob uma forma que *incide sobre os sentidos*. O teatro está investido desta aptidão para tornar sensíveis verdades abstratas ou ideais. Ele se apossa agora da apresentação sensível das ideias – antecipando rigorosamente a definição pós-kantiana da arte. "Tais como são as belas representações de teatro podemos chamá-las com justiça de Escola do Povo"[36].

De novo a Escola. Novamente a aprendizagem. Mas a aquisição do saber está, como vemos, inscrita num dispositivo completamente diferente daquele que Aristóteles propunha. A aprendizagem é aqui um substituto eficaz da *inaptidão* teórica. Longe de colocar o espectador como teórico, ele o caracteriza daí por diante como incapaz de teoria, e só conseguindo receber as ideias por meio dos sentidos. Estamos muito próximos da estética: o sensível exige seu quinhão e a beleza o satisfaz ("as belas representações de teatro"). Mas é para remediar a incapacidade de pensar. A necessidade de que o teatro se reveste é, embora estética, uma necessidade de governo: o povo necessita da moral e, como não a pode adquirir por meio do pensamento racional, é a estética que deve se encarregar de lhe dar a entender estas verdades às quais ele é surdo. *Porque ela os faz sentir estas verdades*: "e a memória lhes dá lições contínuas, que se imprimem ainda mais fortemente no espírito deles porque se ligam a objetos sensíveis"[37].

Em suma: D'Aubignac põe em funcionamento, como podemos ver, uma determinação estética, ou pré-estética, do teatro, caracterizada, *avant la lettre*, como apresentação sensível da

---

36. Tudo isto, *ibid.*, p. 8.
37. *Ibid.*, p. 9.

ideia[38]. E esta determinação funciona sob a autoridade de uma prescrição política, de um imperativo de governo. É tentador perguntar-se que elo une esta nova característica, relativamente surpreendente e a cisão representativa, a separação entre representante e representado, que vimos em funcionamento no resto da obra. Sem esperar do abade um absoluto rigor metafísico, e interrogando-o apenas como testemunha de uma mudança de época, podemos suspeitar que uma certa articulação – mais latente que formulada – liga estes dois planos de reflexão. Realmente, a representação remete a uma *verdade da história* que assume o papel do que nós chamaríamos de ficção. Ora, esta verdade se vê escorraçada para além do âmbito da prática efetiva da cena. A "história verdadeira" é representada, significada por operações concretas, que lhe são heterogêneas e que fazem do teatro *uma imagem,* índice visível de coisas que não se veem. Assim, a verdade da história, a coisa contada, apresenta este parentesco de natureza com "as máximas da moral": ela também não *incide sobre os sentidos*. História e moral especulativa estão ligadas por esta comunidade de remissão: nem uma nem outra podem ser vistas por si mesmas, sem uma mediação imagética. A partitura representativa, que cinde a antiga unidade do teatro nestas duas instâncias dissociadas de forma rígida (a cena e a fábula), é a condição de seu estatuto propriamente estético e, portanto, das virtudes políticas que dele dependem. Duas consequências resultam desta relação.

Em primeiro lugar, compreende-se por aí que a "história verdadeira" *é uma idealidade*: seu sistema é comandado por normas racionais, ao mesmo tempo inteligíveis e morais, segundo o modelo clássico. Ela é da mesma natureza que a especulação abstrata. O ator, por exemplo, é, doravante, o representante concreto de um personagem que participa de uma coerência narrativa ideal e regida pela razão. A verossimilhança é o nome desta racionalidade ordenadora. É verossímil o que se inscreve na estrutura ideal-racional da narrativa. A história que o teatro

---

38. Já que esta é a fórmula pela qual se costuma resumir a definição hegeliana de arte. Cf. *Cours d'Esthétique, op. cit.*, pp. 47-60. (Em português: *op. cit.*, p. 86: "Já foi dito que o conteúdo da arte é a Ideia e que sua Forma é a configuração sensível imagética").

representa é feita do mesmo tecido abstrato, especulativo, da moral ou da filosofia que ele deve tornar visíveis: a história de um para-além da cena, de uma idealidade cuja prática é a manifestação figurada.

Mas, em compensação, esta racionalidade estruturante, e a idealidade que a fundamenta, estão contaminadas pela fábula. Poderíamos dizer que, em alguma medida, aqui *a idealidade se torna uma história*. Porque se as máximas da moral são tornadas sensíveis pelo teatro é unicamente na medida em que elas estão engajadas na "história verdadeira", em sua estruturação narrativa. É esta narratividade do representado que funda a "sensibilidade" do representante. Nenhuma especulação terá um correspondente em cena, se não estiver articulada como função narrativa. D'Aubignac é categórico a este respeito: no teatro, a palavra não tem valor a não ser como ato[39]. Não cabe fazer nenhuma pregação. É fácil compreender: se o teatro se contentasse com enunciar as verdades em sua intelectualidade específica, discursiva, ele não as apresentaria de forma mais sensível do que um sermão feito de um púlpito. O sensível do teatro é a exposição da ação[40]. Moral e filosofia estão assim apanhadas na "tessitura"[41] de uma história, que as tece e desenha sua visibilidade. As verdades do teatro (ou teatrais) são narrativas. É claro que não vamos tornar d'Aubignac mais moderno do que ele na verdade é: no fundo, sua concepção continua marcada por um racionalismo muito realista. Mas a determinação estética e a cisão representativa que a ele estão ligadas, engajam estruturalmente sua verdade na aventura de uma contaminação pela narrativa. A verdade será, então, condicionada a uma imagem. Não estamos mais no momento em que uma intelectualidade espectadora operava sobre uma prática para depreender formas cognitivas e usufruir teatralmente

---

39. *Op. cit.*, livro IV, cap. II e seguintes, p. 282.*sq.*

40. "É na imaginação do espectador que estão as ações que o poeta, com habilidade, os faz conceber como visíveis, enquanto que não há nada de sensível além do discurso", *ibid.*, p. 283. Devo à dissertação de F. Prodromidès, citada em seguida, a observação desta frase.

41. Cf. F. Prodromidès. *Réflexion et représentation: La Pratique du théâtre de d'Aubignac et les enjeux de la mimèsis*, dissertação de D.E.A., sob a orientação de Ch. Biet, Paris X-Nanterre, 1996, p. 19 *sq.*

desta emergência: agora é a *incapacidade de conhecer* que faz a teatralidade do teatro – e a estética vem remediar esta inaptidão. Mas, por uma eloquente reviravolta das coisas, ela faz o verídico deslizar para o estatuto da ficção. Em breve as idealidades serão imaginárias.

* * *

Não afirmo, evidentemente, que d'Aubignac seja o inventor desta configuração. Excelente teórico do teatro (da prática do teatro), ele trabalha para dar forma conceitual ao que atravessa o seu tempo. Como, por exemplo, a dissociação entre o ator e o papel: Hamlet não está longe.

> Não é monstruoso que este ator aqui,
> Somente por uma ficção, num sonho de paixão
> Possa forçar inteiramente sua alma com sua ideia
> A ponto de talhar para si um rosto pálido
> Olhos chorosos, um aspecto desorientado
> Uma voz alquebrada e um organismo inteiro adaptado
> Às formas de sua ideia? E tudo por nada?
> Por Hécuba?
> O que é Hécuba para ele e o que é ele para Hécuba
> Para chorar por ela?[42]

---

42. *Hamlet*, II, 2. Traduzo quase que literalmente, sem me importar com os falsos amigos. É preciso, no entanto, observar que, no trecho citado, o ator não pronuncia palavras atribuídas a Hécuba (portanto, não desempenha, a rigor, o papel da rainha, no sentido moderno do termo), mas simplesmente conta, na terceira pessoa, a infelicidade que se abate sobre ela. (No original em inglês: *Is it not monstruous that this player here, / But in a fiction, in a dream of passion, / Could force his soul so to his whole conceit / That from her working all his visage wann'd, / Tears in his eyes, distraction in's aspect, / A broken voice, and his whole function suiting / With forms to his conceit? And all for nothing! / For Hecuba! / What's Hecuba to him or he to Hecuba!* In *The Complete Works of William Shakespeare*. London: Abbey Library, 1978, p. 860. Em português, cf. a tradução de Anna Amélia Carneiro de Mendonça. Em *Hamlet: Macbeth*. Rio de Janeiro: Nova Fronteira, 1995, p. 84: "Não é monstruoso que esse ator consiga, / Em fantasia, em sonho de paixão / Forçar su'alma assim a obedecê-lo / A ponto de seu rosto ficar pálido. / Ter lágrimas nos olhos, o ar desfeito / A voz cortada e todo o desempenho / E as expressões de acordo com o papel? / E tudo isso por nada! Só por Hécuba! / Que lhe interessa Hécuba? E ele a ela / Para que chore assim?" N. da T.)

É o século XVIII que, inaugurando a era da estética, receberá de seus precursores esta nova dualidade e nela projetará seu dinamismo. Tomemos como testemunhas três obras curtas, que, juntas, formam uma espécie de concerto: *Le Comédien*, de Rémond de Sainte-Albine[43], *L'art du théâtre*, de François Riccoboni[44], e *Le Paradoxe du comédien*, de Diderot[45]. Textos que, com alguns anos de intervalo, têm como tema o ator e tentam pensá-lo em si mesmo, separado dos personagens aos quais ele dá vida, o que é novo: Sainte-Albine e Riccoboni insistem nesta extrema novidade[46]. A este respeito, o mais significativo é, evidentemente o livro de Riccoboni: texto de ator que reivindica o ponto de vista do ator – entramos, claramente, em outra época. O livro é dirigido, em forma de carta, a uma Senhora ***, que meteu na cabeça a ideia de representar: "O gosto que a senhora tem pela comédia tornou-se uma paixão, visto que, *não se contentando com o prazer de a ver* representar nos Teatros públicos, *sua maior satisfação é representá-la* a senhora mesma. A moda parece autorizar a sua inclinação. Paris está coalhada de teatros particulares e *todo mundo quer ser ator*"[47]. A obra se apresenta assim como um manual, prático e circunstanciado para a aprendizagem da atuação. Este ponto de vista inovador não deixa de ter consequências. Porque o texto se intitula *L'Art du théâtre* – e o título vale como reivindicação. Por causa dele o autor será censurado pelo *Journal de Trévoux*: a expressão "arte do teatro" era usada para se referir à atividade de escrita e composição de peças, segundo o uso atestado por d'Aubignac, Corneille e todos os autores da época. Ora, Riccoboni reage: "Gosto de me servir dos termos apropriados. Se eu tivesse apresentado, em uma obra, as regras da composição teatral, eu a teria intitulado *Poética do Teatro*", responde ele. A arte do teatro deve, portanto, ser distinguida de sua poética. A partir daí, será preciso dizer: em d'Aubignac os dois objetos se confundiam.

---

43. Em *Diderot et le théâtre II, L'Acteur, op. cit.*, pp. 173-308.
44. Paris, 1750, Slatkine Reprints, Genève, 1971.
45. Que citarei na edição d'Alain Ménil, cf. acima, n. 43.
46. Sainte-Albine, *op. cit.*, pp. 175-176. Riccoboni, *op. cit.*, p. 2-3 e anexo ("Lettre de M. Riccoboni fils à M.*** au sujet *de L'Art du théâtre*"), p. 20.
47. *Op. cit.*, pp. 1-2. Grifo meu.

Mutação profunda, irreversível, não apenas da determinação da arte mas do próprio sentido da palavra *teatro*: "Tratei da arte de representar no palco. É a arte específica do teatro"[48]. O teatro não é mais a arte de escrever com vistas à representação, mas a arte de representar o que foi escrito. Deslocamento de capital importância, que traz em si, com a autonomia do pensamento sobre o *jogo* do ator, toda a emergência futura da encenação. A noção se transporta de uma escrita orientada para a cena, mas que exclui a cena do domínio próprio de sua arte[49], até o espaço singular de uma arte situada *entre a escrita e a cena, por sua capacidade de exibir no palco o que foi antes escrito*. Esta capacidade específica é, desde então, colocada (por nossos três autores) como criativa, artística, ela confere ao ator o direito ao título de artista. Riccoboni, desde as primeiras páginas, proclama este novo ponto de vista; ele contraria a tradição ao começar seu tratado pelo *gesto*: "isto talvez pareça estranho. Mas se atentarem para o fato de que, subindo à cena, o ator se apresenta antes de falar, os senhores convirão que a postura é a primeira coisa a respeito da qual é preciso instruir-se"[50]. Mas esta constatação é inovadora: esperamos muito tempo para fazê-la. Ela vale como sinal de uma mudança de pensamento. A arte do teatro, a arte da apresentação cênica, engloba, doravante, o texto como um (e um somente) de seus componentes internos, e não o deixa mais comandar sozinho todo o campo de seu exercício. O que será enfatizado também pela valorização dos "jogos de teatro" e da pantomima[51], que encontraremos em Diderot.

Livro de ator que trata do ator, *L'Art du théâtre* difere claramente do texto de Rémond de Sante-Albine, *Le Comédien*,

---

48. *Op. cit.*, anexo, pp. 4-5.
49. É, como vimos, o gesto da *Poética*, que afirma ao mesmo tempo que "para compor histórias [...] é preciso ter a cena integralmente diante dos olhos – pois, assim, aquele que vê como se assistisse às próprias ações conseguirá com eficácia total descobrir o que é adequado (*Op. cit.*, 1455 a 22-26), e que o "espetáculo [*ópsis*] que exerce a maior sedução, é totalmente estranho à arte [*atekhnotáton*] e nada tem a ver com a poética, porque a tragédia realiza sua finalidade mesmo sem concursos e sem atores". (*Ibid.*, 1450 b 16-18).
50. *Op. cit.*, p. 4.
51. *Op. cit.*, pp. 82-83.

que também examina o ator em sua singularidade (e talvez seja o primeiro na França a fazê-lo, porque precede em três anos *L'Art du théâtre*)[52], mas é um livro inteiramente escrito de *um ponto de vista do espectador*. Isto se evidencia o tempo todo. Por exemplo, Sainte-Albine gosta de usar o "nós" não apenas como plural de modéstia do autor mas para apontar, no plural, a coletividade dos espectadores. "*Nós* vemos estas peças [italianas] com prazer, porque a verdade da representação *nos* compensa pelo que *nós* perdemos no tocante à elegância do diálogo. [...mas] *nós* estamos condenados a somente usufruir no Théâtre Français* de um prazer imperfeito, por culpa de alguns atores" etc.[53] O que leva logicamente o autor a se dirigir aos atores por meio de um pronome de tratamento igualmente coletivo**: "A atuação *dos senhores* é totalmente verdadeira? É natural? É elegante e variada? *Nós os* admiramos; mas ainda *lhes* falta algo para *nos* agradarem"[54]. Usos inimagináveis, evidentemente, sob a pena de Riccoboni. A partir deste posto de observação, Sainte-Albine invectiva o palco, admoesta-o:

> *Nós acharíamos ridículo* que para atuar [...] a pessoa se apresentasse no palco sem preencher as condições básicas [...] *Nós esperamos* da tragédia abalos violentos [...] *Espera-se* [... que o ator] seja sincero, [...] *espera-se* que ele seja hábil [...]. *O que* nós *esperaríamos* de Burrhus*** *nós esperamos* do ator. *Nós exigimos* que ele recite os seis primeiros versos com modesta contenção [...] *Nós desejamos* sobretudo que ele diminua, pela suavidade de sua voz, a aspereza de suas falas. [...] *Eu declaro aos atores* que não basta que saibam seus papéis [etc.][55].

---

52. O que lhe vale este crédito um pouco sem nuance de F. Regnault: "É um fato, no entanto, que a arte do ator concebida como arte autônoma só começa na França com o tratado *Le Comédien*" em, *Petite éthique pour le comédien*, Les Conférences du Perroquet, nº 34, março 1992, p. 16.

*. Era usual referir-se à Comédie Française como Théâtre Français ou Le Français. (N. da T.)

53. *Op. cit.*, pp. 229 e 230. Grifo meu.

**. No original foi utilizado o pronome *vous*, pronome de segunda pessoa do plural que corresponde a uma forma corrente de tratamento. (N. da T.)

54. *Ibid.*, p. 295. Grifo meu.

***. Burrhus: personagem da tragédia *Britannicus*, de Racine. (N. da T.)

55. *Ibid.*, pp. 220, 248-249, 250. Grifo meu.

O tom imperioso, soberano, é o de um mestre que compreende, com altivez, que se cultive o prazer. Riccoboni se preocupa também com o prazer do espectador, mas, quando ele diz *nós*, é em posição exatamente inversa: "Se o tempo que levamos é curto demais, ele não causa impressão alguma. Se é longo demais, ralenta o sentimento que tínhamos despertado no espectador e que devemos conservar como uma preciosidade"[56]. É, portanto, incontestável que se trata de dois pontos de vista simétricos, ligados às duas posições que se veem frente a frente no teatro. Sainte-Albine e Riccoboni se inscrevem, tanto um quanto o outro, no espaço da cisão daí por diante irreversivelmente aberta entre a representação e a coisa representada. Ambos comentam, longamente, a distinção entre o ator e o que ele representa. Mas um o faz a partir da plateia e o outro a partir do palco. Riccoboni escreve: "É preciso conceber a cada instante a relação que pode existir entre o que *nós* dizemos e o caráter de *nosso* papel"[57], enquanto que Sainte-Albine declara: "a principal preocupação do ator [...] deve ser de *nos* deixar perceber apenas o seu personagem"[58]. Sainte-Albine deseja auferir uma espécie de legitimidade de sua posição de espectador: "Não é difícil provar que [estas] críticas têm no mínimo tanta autoridade quanto as das pessoas que professam estas artes. *As decisões destas últimas podem ser suspeitas porque podem ser interessadas*"[59]. Isto é: ao querer pensar a ação, os atores se tornariam *suspeitos*. Não cabe a eles conhecer isto. Riccoboni diagnostica, sob este ponto de vista, uma incapacidade principal: "Sabe-se tudo isto na plateia, e é tudo o que é preciso saber para ver o espetáculo [...]; mas os meios de atingir estas diferentes perfeições não estão de forma alguma explicados em *Le Comédien*. Não se pode aprendê-los a não ser no palco"[60]. É preciso fazer-lhe justiça: o ataque não vem no corpo de seu texto, mas apenas em apêndice a uma edição posterior e em resposta à crítica por ter ignorado a obra de seu precursor imediato.

56. *Op. cit.*, pp. 90-91.
57. *Op. cit.*, p. 31. Grifo meu.
58. *Op. cit.*, p. 250. Grifo meu.
59. *Op. cit.*, p. 176. Grifo meu.
60. *Op. cit.*, apêndice, pp. 19-20.

Aí estão, portanto, ator e espectador, preparando o terreno, frente a frente, cada um negando ao outro a capacidade de pensar a relação teatral e de elaborar a teoria correspondente. Desapareceram a complementaridade, a união de pontos de vista que compunham o teatro. Duas legitimidades diferentes vão, daí por diante, se afrontar. O que as leva a que se preocupem com a *verdade*. Saint-Albine a define com um rigor que surpreende o leitor moderno: "A perfeição que mais desejamos ver na representação é aquilo que no teatro é chamado de *verdade*. Compreendemos por esta palavra *o conjunto das aparências que podem servir para enganar os espectadores*"[61]. Evitemos saudar aqui, apressadamente, uma tirada espirituosa: o diagnóstico seria, sem dúvida, anacrônico, e Sainte-Albine não é nenhum mestre do humor. Mas a fórmula é extremamente bem construída: a verdade se torna o resultado das diversas aparências em jogo, agenciadas com vistas à ilusão – a força do verídico pode ser reconhecida pela perfeição da mentira. Riccoboni afirma a mesma coisa, só que vê o que ocorre a partir do palco:

> Quando um ator expressa os sentimentos de seu papel com a força necessária, o espectador vê nele *a mais perfeita imagem da verdade*. [...] para atuar bem, *deve-se levar a ilusão até este ponto*. Espantados por uma imitação tão perfeita do verdadeiro, alguns a tomaram pela própria verdade e acreditaram que o ator era tomado pelo sentimento que representava. [...] Nunca me rendi a esta opinião, *correntemente aceita*, porque me parece provado que, se temos a infelicidade de sentir realmente o que devemos expressar, ficamos sem possibilidade de representá-lo[62].

Aqui, pode-se perceber, a diferença representativa se aprofunda. Representante e representado adquirem duas naturezas que se afastam uma da outra. Querer reduzir a distância torna a representação impossível. É nesta distância que se instala o jogo do ator, é dela que ele tira sua força. Já em Aristóteles e, mais ainda, em d'Aubignac, a verdade nua permanecia acantonada às portas do teatro: nele só operava a verossimilhança [a *vrai-semblance*], a semelhança do verdadeiro. Mas aqui o jogo muda: a verdade não está mais de fora. O teatro não pode

---

61. *Op. cit.*, p. 230. Grifo meu.
62. *Op. cit.*, pp. 36-37. Grifo meu.

mais ignorá-la, deixá-la para além de seus limites. A verdade volta à tona: mas é como ilusão, miragem necessária, mentira obrigatória. *Para atuar bem, deve-se levar a ilusão a este ponto* – e, aliás, a opinião, iludida por este verdadeiro factício, é *correntemente aceita*. É o verdadeiro, o verdadeiro representativo, que muda de regime e se inscreve necessariamente no ato teatral como *efeito de ficção*. Sainte-Albine resume isto de forma bastante crua: na língua singular da coisa representada, a verdade vale como nome próprio da mentira. Sua fórmula vigorosa, em fim de contas, é apenas a expressão tensa, ingênua, de uma regra que, desde então, se impõe a todos: a verdade re-torna ao teatro, *como necessidade da ilusão*.

Que esta estrutura disponha, a partir de então, do próprio espaço em que o teatro vai se pôr em jogo é o que nós podemos avaliar graças a um testemunho do mais alto valor, porque Diderot vai recolher, na perturbadora dramaturgia de seu *Paradoxo*, as contribuições de seus dois predecessores e sua oposição termo a termo[63]. Os argumentos deles alimentarão, de um lado e de outro, a competição que sustenta o diálogo, manifestando aí a concorrência estabelecida entre os pontos de vista do olhar e do jogo do ator. Lembramo-nos que "o homem do paradoxo" menciona esta herança, com um ar indiferente: "De resto, a questão que aprofundei foi outrora encetada entre um literato medíocre, Rémond de Sainte-Albine, e um grande comediante, Riccoboni. O literato advogava a causa da sensibilidade[64], o ator defendia a minha posição. É

---

63. Sobre a relação entre estes três textos, cf. P. Tort. *L'Origine du Paradoxe sur le comédien: La partition intérieure*, 1976, reedição Vrin 1980. P. Tort utiliza o termo "partitura" no sentido musical. Cf. também P. Frantz, "Du spectateur au comédien" em *Revue d'Histoire Littéraire de la France*, sept-oct. 1993.

64. Isto é, a causa defendida por "o segundo": a oposição das teses (e, portanto, a oposição palco-plateia) se confunde com a divisão do texto do *Paradoxo*, em forma de diálogo. (Lembramos que "o primeiro" e "o segundo" são os nomes que Diderot atribui aos dois protagonistas). (Em português utilizaremos a tradução de J. Guinsburg, publicada em *Diderot Obras II: Estética, Poética e Contos*. São Paulo: Perspectiva, 2000. Para o trecho citado, cf. p. 71).

uma anedota que eu não conhecia e que acabei de ouvir"[65].

Assim explicado, o confronto que anima o *Paradoxo* não pode mais ser interpretado apenas como a oposição entre duas teses a propósito do jogo do ator, mas como duas legitimidades teatrais que não chegam a um acordo: a da cena, defendida encarniçadamente por "o primeiro", e a do *olhar sobre a cena*, olhar do espectador enganado, apanhado na ilusão da verdade, que "o segundo" defende. Sensibilidade e razão lutam como lutarão, daí por diante, a cena e a plateia: esta plateia onde prevalece "*a opinião correntemente aceita*", que Riccoboni descrevia e desdenhava. Razão contra opinião: um vestígio, entre outros, de um certo platonismo – no mínimo, de um certo socratismo – de Diderot.

Mas avancemos. É evidente que o *Paradoxo* (o paradoxo) joga com a divisão entre o representante e o representado, que ele endurece e radicaliza. Porque aqui a separação (entre o ator e o personagem) releva de uma diferença de ser. "Se ele é ele quando representa, como deixará de ser ele?"[66] O ator não pode ser o que ele representa: ele só representa o que representa na medida em que ele não é aquilo que representa. A rigor, poderíamos falar de desdobramento: "Nesse momento, [ela] é dupla, a pequena Clairon e a grande Agripina"[67]*, mas isto para marcar, por oposição, o quanto a grandeza de Agripina

---

65. *Op. cit.*, p. 120. "O segundo", para não ficar atrás, traça, em poucas palavras, um retrato ainda mais feroz de Sainte-Albine: "Homenzinho arrogante, decidido, seco e duro, em quem seria preciso reconhecer uma honesta dose de mérito, se ele tivesse em mérito um quarto do que a generosa natureza lhe concedeu em arrogância" (*Ibid.em*). Pobre Sainte-Albine, que também não encontrou clemência em Lessing: "Mas o que encontramos de tudo isso na obra de nosso autor? Nada, ou, no máximo, reflexões muito gerais e muito vagas, que só oferecem palavras vazias de sentido em lugar de ideias, e um certo *não sei quê* no lugar de definições." Cit. por J. J. Engel. *Idées sur le geste et l'action théâtrale*, (1785), apresentação de Martine de Rougemont, Slatkine Reprints, Genève, 1979, p. 8. A crítica retoma a de Riccoboni, *op. cit.*, apêndice, pp. 19-21.

66. *Op. cit.*, p. 72. (Em português: *op. cit.*, p. 33).

67. *Ibid.*, p. 73. (Em português: *op. cit.*, p. 34).

*. Mlle. Clairon (1723-1803) foi uma das mais famosas atrizes francesas do século XVIII. Agripina, mãe de Nero, é a heroína da tragédia *Britannicus*, de Racine. (N. da T.)

está distante da pequenez de Clairon, e o quanto a Clairon só é Agripina na medida em que *ela não é Clairon*. Com muito mais frequência, Diderot insiste no não ser da personagem, o não-ser-a-personagem que constitui o ator: "ele não é a personagem, ele a representa", e o fato de ele a representar impede que ele seja a personagem. "Ele a representa e a representa tão bem que vós a tomais como tal; a ilusão só existe para vós; ele sabe muito bem que ele não a é"[68]. A rigor, portanto, a Clairon não é de forma alguma Agripina: são "os senhores" que creem nisso, é uma miragem. "Somos nós mesmos por natureza; somos um outro por imitação"[69].

Esta alteridade produz uma inversão no dispositivo da *Poética*: porque o ator, exterior ao que mostra, está em posição de o *conhecer*. Diderot faz disto um ponto central: o ator sabe o que está fazendo, o que mostra, sabe com um saber observante, analítico e – de acordo com a epistemologia geral do *Paradoxo*[70] – mimético diante de seu objeto. Seu trabalho tem valor cognitivo: ele é "imitador atento e discípulo ponderado da natureza", ele representa "com reflexão, com estudo da natureza humana, com imitação constante", ele está ocupado "em olhar, em reconhecer e em imitar", ele "observa, estuda". Ele tem "o olho do sábio". "O grande comediante observa os fenômenos, [...ele] medita e encontra, por reflexão"[71]. Deste modo, não compete mais apenas aos espectadores teorizar o que veem: aliás, como será referido, os espectadores, por seu lado, não estão mais em posição de fazê-lo. Ao contrário do teatro de Aristóteles, em que a prática da cena oferecia objetos de conhecimento à plateia, agora é a cena que vê e conhece (o mundo, a natureza) e, ao fazê-lo, *se* vê e *se* conhece; espectadora do mundo e de si mesma, ela ocupa a posição cognitiva de onde os espectadores serão desalojados:

---

68. *Ibid.*, p. 77. (Em português: p. 37).
69. *Ibid.*, p. 114. (Em português: *op. cit.*, p. 66).
70. Cf. Philippe Lacoue-Labarthe, "Le Paradoxe et la mimésis", em *L'imitation des modernes*, Galilée, 1986, p. 15 *sq*. (Em português: "O Paradoxo e a Mimese", tradução de Fátima Saadi, em *A Imitação dos Modernos, op. cit.*, p. 159 e *sq*.)
71. *Ibid.*, pp. 72, 75, 95. (Em português: *op. cit.*, pp. 32, 33, 35 e 52).

Acho necessário que haja nesse homem [no grande ator] um espectador frio e tranquilo. [...] E por que diferiria o ator do poeta? [...] Os grandes poetas dramáticos, sobretudo, são espectadores assíduos do que se passa em torno deles [...] O ator escutou-se durante muito tempo a si mesmo; [...] ele se escuta no momento em que vos perturba[72].

Se, portanto, a partir daí, está estabelecida a dissociação entre o ator e seu papel, *qual é a natureza do papel?* Ou, dito de outra forma, *o que é, exatamente, um personagem*? O argumento de Diderot pode ser decomposto assim: o ator se entrega a uma imitação. Diderot o aprova, elogia-o por ser um imitador[73]. O que é, então, que ele imita? Diderot repete sem descanso: ele imita modelos. Acompanhemos a Clairon: "Sem dúvida, ela fez para si um modelo ao qual procurou de início conformar-se; sem dúvida, concebeu esse modelo da maneira mais elevada, mais grandiosa e a mais perfeita que lhe foi possível"[74]. Como se formam estes modelos? Num dado momento, Diderot parece admitir que se possa encontrá-los nas coisas. Mas à medida que a análise avança (porque a marcha de Diderot prossegue sempre de modo processual, ela coloca por um momento, num estágio provisório, algo que será elaborado e determinado em seguida, mesmo que isto invalide a hipótese que lhe serviu na etapa anterior), a concepção se torna mais precisa: os modelos não estão disponíveis no real. Claro, é necessário observar a vida e o mundo para extraí-los ou lhes dar forma. Mas os modelos não se encontram já constituídos na vida. Eles se depreendem dela até "atingir uma figura que

---

72. *Ibid.*, pp. 71, 74, 76. (Em português: *op. cit.*, pp. 32, 34, 35). Sobre este ponto, Diderot tangencia uma ideia de Sainte-Albine, mas com um objetivo rigorosamente oposto ao dele, que escreve: "Só representando para si mesmo é que se pode chegar a representar bem". Aqui, representar quer dizer enganar, fazer acreditar: "os atores trágicos querem nos provocar ilusão? Então, devem produzi-la primeiro para si mesmos" (*op. cit.*, pp. 209 e 212). O ator é, portanto, seu próprio espectador, no sentido de se deixar levar por seu jogo, enganando a si mesmo. O ator de Diderot, ao contrário, se vê (ou se ouve) à medida que se conhece, e conhece, portanto, sua mentira: "a ilusão só existe para os senhores, ele sabe muito bem que ele não é o personagem." *Op. cit.*, p. 77.
73. *Op. cit.* pp. 72, 73, 75, etc. Cf. Philippe Lacoue-Labarthe, artigo citado.
74. *Op. cit.* p. 73. (Em português: *op. cit.*, p. 33.)

não mais existia na natureza"⁷⁵. Eles adquirem uma generalidade, uma extensão ausentes do mundo dos seres concretos. "O Avaro e o Tartufo foram feitos segundo todos os Toinards e todos os Grizels do mundo; são seus traços mais gerais e mais marcantes, mas não o retrato exato de nenhum"*. Os modelos convocados pelo ator são determinados exatamente como *ideais*. Modelos ideais: o par de termos obceca o *Paradoxo*. O ator copia, claro, mas copia idealidades. Dispositivo de viés platônico, poderíamos dizer, a não ser pela envergadura, porque, em Platão, o imitador está confinado a uma distância extrema do modelo (ele está três graus afastado dele, o que é demais), é incapaz de manifestá-lo numa apresentação, e, se pretende fazê-lo, desfigura-o e cai na mentira. O ator de Diderot considera seus modelos e os manifesta adequadamente em sua atuação. É sua arte, sua competência: "Aquele, pois, que melhor conhece e traduz mais perfeitamente estes signos externos, de acordo com o modelo ideal mais bem concebido, é o maior comediante"⁷⁶.

Porque os métodos de Diderot se movem num espaço do qual Platão não pode se aproximar: eles são *imaginários*. "A Cleópatra, a Mérope, a Agripina, o Cinna do teatro são mesmo personagens históricos? Não. São *os fantasmas imaginários* da poesia"⁷⁷**. Os modelos do teatro participam de um mundo que é o do imaginário, seus fantasmas nascem da imaginação. Este mundo procede de uma visão ampliada e generalizada daquilo que as coisas são. A imaginação o molda. O ator diderotiano deve "com a ajuda de uma imaginação forte, saber criar, e, de uma memória tenaz, manter a atenção fixada em fantasmas que lhe servem de modelos"⁷⁸. O modelo ideal é imaginado. As idealidades (de teatro) são

---

75. *Ibid.*, p. 98. (Em português: *op. cit.*, p. 54.)

*. Grizel era um abade beato e Toinard um financista avaro. Em português: *op. cit.*, p. 53. (N. da T.)

76. *Ibid.*, p. 114. (Em português: *op. cit.*, p. 66).

77. *Ibid.*, p. 79. Grifo meu. (Em português: *op. cit.*, p. 38).

**. Cleópatra é personagem de Corneille; Mérope é personagem de Voltaire. (N. da T.)

78. *Ibid.*, p. 118. (Em português: *op. cit.*, p. 69).

imaginárias. A imaginação lhes dá forma, elas lhe devem força e singularidade. Nesta moldagem, o poeta e o ator rivalizam. Suas idealidades fantasmáticas se ombreiam ou se entrelaçam. "Será que Mlle. Clairon a conhece mais que Voltaire? Naquele momento, pelo menos, seu modelo ideal, ao declamar, estava muito além do modelo ideal que o poeta imaginara ao escrever, mas esse modelo ideal não era ela". Estes modelos recebem do imaginário sua idealidade; por isto o jogo do ator não é inapto à sua presentação: ele lhes (re)produz as imagens. "Qual era, pois, seu talento? O de imaginar um grande fantasma e *copiá-lo* com inspiração"[79]. As imagens de teatro são da mesma natureza das que o imaginário, poético e dramático, se preocupa em moldar. Elas são cópias dele, retratos exagerados ou fiéis, fiéis porque exagerados: o exagero é o (está no) próprio imaginário[80]. O jogo do ator mostra imagens, imagens destas imagens, cópias destes esquemas que são os modelos ideais modelados pela imaginação.

Assim a verdade do teatro pode, a partir daí, exibir-se como regime de adequação a estas idealidades ficcionadas. "O que é, pois, o verdadeiro do palco? É a conformidade das ações, dos discursos, da figura, da voz, do movimento, do gesto, com um modelo ideal imaginado pelo poeta, e muitas vezes exagerado pelo comediante"[81]. A verdade ignora qualquer conformidade com as coisas, ela é fiel aos fantasmas. As crianças, de noite, assustam umas às outras sacudindo *acima delas* um lençol para apavorar sem maldade seus amiguinhos[82]. "Este rapazote é o verdadeiro símbolo do ator; seus amiguinhos são os símbolos do espectador"[83]. As verdades do teatro são pequenos espectros.

Por que esta leitura? A que tendem estes esforços, recompensados apenas pela constatação muito banal da diferença entre ator e personagem, e do estatuto imaginário deste

---

79. *Ibid.*, p. 101. Grifo meu (Em português: *op. cit.*, p. 57).
80. *Ibid.*, p. 114. (Em português: *op. cit.*, p. 66).
81. *Ibid.*, p. 80. (Em português: *op. cit.*, p. 39).
82. *Ibid.*, pp. 74 e 130-131. (Em português: *op. cit.*, p. 34 e pp. 78-79).
83. Cf. *ibid.* p. 131. (Em português: *op. cit.*, p. 79).

último? Trata-se, simplesmente, de pensar esta banalidade como *produzida*. Real e imaginário não nos são dados, cara a cara, desde sempre. Séculos inventivos, que produziram obras capitais, encontros e acontecimentos admirados, puderam manejar um teatro muito erudito e popular sem lançar mão, para praticá-lo ou pensá-lo, destas categorias que nos parecem empíricas. Real e imaginário são termos latinos. A *Poética* os ignora. E constatar isto não significa invocar a pureza de uma experiência grega suposta, que não podemos reconstituir (e, menos ainda, restaurar): é ver com um outro olhar a *nossa* experiência. É perceber que a diferença entre o ator e o personagem, formulada nestes termos e inscrita na partitura do *jogo do ator* e da *imagem*, nos chegou no bojo de uma certa história, que, numa certa fase, organiza nossa percepção do fenômeno teatral, mesmo se ela se mostra a nossos olhos como constatação. *Nós* vemos no teatro atores efetivos dando vida a personagens imaginários, que se instituem, uns e outros, na economia da separação entre eles. Outras pessoas poderiam descrever o fato teatral como uma *práxis* posta em ação diante de uma *theōría*. A prática teatral é des-unida, cindida entre representante e representado, entre o que o ator faz e o que ele figura, entre a ação de imitar e a ação imitada. Uma tal separação não pode ser deduzida da simples existência do teatro, em qualquer tempo e em qualquer lugar, pelo simples fato de sua articulação essencial. Isto ocorreu conosco.

Ora, uma consequência não negligenciável deste novo dado pode ser lida, de modo explícito e, no fim das contas, surpreendente, no texto de Diderot. Por querer descrever esta clivagem, que ele aprova, o autor do *Paradoxo* acaba por contar um fato, inopinado, que foi levado ao seu conhecimento. O fato lhe foi relatado por duas testemunhas "verazes", ambas "de um feitio de espírito original e fino". É o seguinte: "é que em Nápoles, pátria de ambos, há um poeta dramático cujo principal cuidado não é compor a peça". Mais que escrever, o referido poeta se preocupa em reunir os atores que convêm à sua obra, depois do que "ele exercita os atores durante seis meses, juntos e separadamente"[84]. Com razão, identificou-se

---

84. *Ibid.*, pp. 118-119. (Em português: *op. cit.* p. 70).

nesta passagem um dos testemunhos que antecipam o nascimento do *encenador*[85]. Este dramaturgo não concebe mais sua "prática do teatro" como equivalente à arte de compor seus poemas, mas consagra uma parte de seu esforço (a principal, como nos dizem) a transpor seus escritos para o palco por meio de um trabalho longo e escrupuloso. Sem dúvida ele não é o único a fazê-lo, embora, para Diderot, sua singularidade provenha, sem dúvida, da aplicação, da intensidade e da duração deste cuidado. Este texto é, no entanto, um dos primeiros nos quais a atividade de "ensaiar" é concebida em sua autonomia como parte do trabalho poético, parte da arte. Mas não é isto o que queremos ressaltar. Acontece que Diderot acrescenta: "E quando imaginais vós que a companhia começa a representar, a entender-se, a encaminhar-se para o ponto de perfeição que ele exige? Quando os atores ficam extenuados de cansaço dos ensaios multiplicados, o que chamamos de *blasés*". Na estratégia do *Paradoxo*, a função deste exemplo é clara: ele confirma que os atores se tornam tanto melhores quanto mais se afastam da primeira descoberta do papel e do texto, e, portanto, das primeiras efusões do entusiasmo; tanto melhores quanto mais a rotina, o cansaço e a repetição das falas os livram de qualquer comunicação por fusão com seus personagens, de qualquer apropriação dos papéis apenas por meio da sensibilidade. A sensibilidade extenuada deixa aflorar o talento. A separação se amplia entre o ator e o que ele representa. É então que, na verdade, *a trupe começa a representar*, o que está de acordo com a tese: representa-se na distância em relação àquilo que se representa. Mas eis que acontece algo digno de nota: "A partir desse instante os progressos são surpreendentes, *cada qual se identifica com sua personagem*"[86]. É, que eu saiba, uma das primeiríssimas aparições do termo, em sua aplicação às questões do trabalho do ator. Seja qual for sua acepção precisa neste contexto, a economia de seu aparecimento não deixa margem a dúvidas: é quando se assinala a maior distância entre o ator e o personagem que o primeiro pode se

---

85. Cf. B. Dort, in Couty, Rey *et al. Le Théâtre*, Bordas, 1989, p. 140.
86. *Ibid.*, p. 120. Grifo meu. (Em português: *op. cit.*, p. 71).

identificar com o segundo. Só é possível se identificar com aquilo que está distante – distinto e longe de si mesmo. Caso contrário, não há identificação possível; a pessoa é a mesma, supondo-se que se pudesse imaginar isto. A identificação é este movimento: o de redução de uma distância que deve, portanto, ser, antes, criada. O ator não desliza até ela a não ser a partir da diferença representativa, da ampliação da fissura entre a ação e a imagem, entre a imitação e o imitado. Ele só pode (eventualmente) se identificar com seu papel no caso de este se ter tornado autônomo, fora ou acima dele, como espectro[87].

Diderot acrescenta que "é depois deste penoso exercício [os longos ensaios, extenuantes] que as representações começam e se prolongam por seis outros meses seguidos, e que o soberano e seus súditos *usufruem do maior prazer que se possa auferir da ilusão teatral*"[88]. Para que o prazer ocorra, como *o maior prazer da ilusão*, são necessárias duas condições: que o ator, extenuado, se veja levado por este cansaço à distância máxima em relação a seu papel, *e que, por isto, possa se identificar com ele*. A ilusão dos espectadores, o prazer deles, determinado como prazer da ilusão (estamos aqui nos antípodas do prazer aristotélico do conhecimento), são produzidos pelo aprofundamento da diferença mimética em cena, pela distância ampliada entre o ator efetivo e suas figurações imaginárias, e pela identificação, daí por diante tornada possível pela extensão desta distância. A *ilusão* dos espectadores é sustentada pela *identificação* (subjetiva ou objetiva) dos atores: Brecht está vindo. E esta economia se sustenta pela cisão efetivada entre o agente na cena e os fantasmas que ele agita.

Vamos, portanto, ter que tratar do tema. A questão da eventual necessidade do teatro vai estruturar-se, então, como a questão da *necessidade da identificação*, quando se representa, e a *necessidade da ilusão*, quando se olha. Mas uma

---

87. F. Regnault encontra aí argumento para uma outra espécie de paradoxo: "identificação e distanciamento são uma única e mesma operação." *Op. cit.*, p. 22. Acho que é ir longe demais: que os dois movimentos participem de um sistema (representativo) comum não basta para estabelecer que Diderot, Brecht e alguns outros tenham pensado à toa esta dissociação.

88. *Ibid.* Grifo meu. (Em português: *op. cit.*, p. 71).

última observação preliminar ainda nos detém. O antigo par da *práxis* cênica e da *theōría* observadora se transforma, mas também se complica e se pluraliza. Em cena a prática unitária cede lugar ao duplo regime do jogo (efetivo) dos atores e das imagens (produzidas) – do ator e do personagem. O que dizer da plateia? A determinação da assembleia fica ou não afetada por esta duplicação da cena? A um primeiro relance, não: os espectadores são sempre espectadores e ponto final. Mesmo se eles não têm mais exatamente a mesma coisa para ver. E, ainda assim, na plateia se esgueira discretamente uma figura, cuja entrada deve ser assinalada, visto que ela está destinada a um belíssimo futuro. Entidade *radicalmente* nova que se insinua entre as arquibancadas sem que ninguém se aperceba: *o* espectador. Não os espectadores, evidentemente, que estão lá há muito tempo, sob nomes diversos. Nem mesmo *um* espectador, um dado espectador que, timidamente, aparece aqui e ali nos textos. Mas *o* espectador. Quer dizer: a coletividade do público condensada e redeterminada na generalidade monofisista do indivíduo típico, testemunha do *particular geral,* considerado a partir de então como uma essência unitária, da qual todos os espectadores singulares são manifestações acidentais – como *o círculo* ou *o triângulo* ou, claro, *o homem, a mulher, o francês* subsumem todos os indivíduos concretos a que nos referimos com o mesmo substantivo. Salvo engano, a *Poética*, que fala bastante dos espectadores, ignora esta essência. No limiar de sua época, Corneille ou d'Aubignac utilizam a expressão[89], mas ainda não fazem dela um *tema*: Corneille o emprega em alternância e sem distinção perceptível, com o termo "ouvinte"[90]. Sainte-Albine conhece *o* ator e *o* poeta, como seus predecessores, mas diante *do ator* vê antes um grande número de espectadores[91]. Com Riccoboni, *o* espectador faz

---

89. Frequentemente num contexto digno de menção: "É preciso que um personagem venha falar sobre o palco, porque é preciso que o espectador conheça seus propósitos e suas paixões", *La Pratique du théâtre, op. cit.*, p. 39.
90. Por exemplo: "Discours de l'utilité et des parties du poème dramatique" em *Oeuvres complètes* III, Gallimard-La Pléiade, p. 117 e seg.
91. O que confirmaria, na minha opinião, a observação de Alain Ménil, segundo a qual este autor se move ainda no espaço do pensamento clássico. Cf. *op. cit.*, introdução, p.165, notas pp. 432, 433, 439.

uma entrada de peso. Torna-se uma categoria central[92], mesmo se, evidentemente, *L'Art du théâtre* não ignora *os* espectadores; os dois usos correspondem a funções diferenciadas. *O* espectador está fortemente associado à *ilusão*. "Chama-se expressão a habilidade com a qual se faz o Espectador sentir todos os movimentos pelos quais *se quer parecer* tomado." Ou ainda: "Deixemos o Espectador ser tomado por aquilo que nós [o ator] acabamos de dizer, o suficiente para que ele seja levado pelo que seguirá; mas não permitamos que ele tenha tempo de perder a ilusão"[93]. É preciso tentar compreender este elo.

Diderot utiliza também a fórmula, porém mais comedidamente, o que torna cada ocorrência muito significativa. Pinço três delas. Uma primeira vez, falando da liberdade de espírito que o ator conserva em seu trabalho, ele enfatiza: "felizmente para o poeta, para o espectador e para ele"[94]. Já *o* espectador, discreta mas firmemente, se alça ao nível de categoria estética, ao mesmo nível que *o* ator ou *o* poeta. Depois, ao longo do texto, Diderot se refere de forma recorrente aos espectadores de modo coletivo. Mas eis que, lá para o fim do diálogo, sobrevém uma ocorrência digna de nota. Efetivamente, o segundo interlocutor está a ponto de ceder à pressão argumentativa do primeiro, não por adesão, mas antes por estar desarmado. "Vós já me confundistes fortemente, e não duvido que possais me confundir mais ainda." Ele proporá logo em seguida que interrompam o diálogo. De fato, ele já está desligado, não escuta mais nada. "O primeiro" observa: "Mas estais distraído; no que pensais?" Como resposta, "o segundo" proporá uma espécie de conciliação, deixando à tese do ator insensível o essencial do campo da disputa, mas reservando à sensibilidade uma exceção eminente. "Penso em propor-vos um acomodamento: o de reservar à sensibilidade natural do ator os momentos raros em que perde a cabeça, *em que esquece que está num teatro*, em que esquece de si mesmo, em que está em Argos, em Micenas, em que é o próprio personagem que interpreta; ele chora..."[95]

---

92. Por exemplo, *op. cit.*, pp. 16, 28, 36, 53, 78, 79, 91, 93, apêndice p.18.
93. *Ibid.*, p. 36 e 61. Grifo meu. A maiúscula é do original, ocorrência, aliás, frequente.
94. *Op. cit.*, pp. 76-77. (Em português: *op. cit.*, p. 37).
95. *Op. cit.*, pp. 125 e 123. Grifo meu. (Em português: *op. cit.* pp. 73, 74).

"O primeiro" – este mesmo que ao longo do diálogo se deixa chamar uma vez de "Senhor Diderot" – não cede um milímetro de terreno. Mas não é isto o que nos detém: observemos antes que a concessão solicitada por "o segundo" associa com a presença do espectador a identificação do ator, o momento em que a diferença será abolida entre ele e seu personagem (diferença não ignorada, mas colocada pelo jogo do ator que, neste instante, se verá reduzida, reabsorvida pela identificação), momento de fulguração identificadora[96]. Estrutura muito coerente: *o espectador* surge como testemunha da identificação, ele é como que convocado por sua fulgurância, um elo secreto e seguro o une a sua operação. Ora, este espectador único, parceiro preferencial do êxtase da fusão, se torna *invisível* no momento exato em que aparece: ele está ali, subitamente emergente, mas o ator que perde a cabeça não o vê mais. É o oxímoro do fantasma, que se mostra em seu eclipse. Nós não nos surpreendemos, evidentemente, nós, que conservamos a cabeça fria: *o espectador não é nunca visto por ninguém*. O ator nunca põe os olhos nele: o que ele, às vezes, percebe são espectadores reunidos, inúmeros. *O espectador, estritamente falando, é aquele que o ator imagina. Só é possível imaginar o espectador na medida em que ele não é visto.* O espectador partilha, portanto, com o personagem esta natureza espectral. E Diderot, pela boca do "segundo", levando mais longe a hipótese, complica e acentua ainda mais o caráter absolutamente desrealizante deste jogo do olhar: eis que o ator

---

96. Não se pode deixar de pensar, quando se evoca esta deflagração identificatória, no *Saint Genest*, de Rotrou, no qual o ator parece, num dado momento, realmente, levado por seu papel, a ponto de se confundir com ele. Ora, Diderot teria todas as condições de responder que, segundo o próprio texto, este excesso *anula* o jogo do ator: "Não é mais Adriano, é Genest que se exprime / Este jogo não é mais um jogo, mas uma verdade / Na qual por minha ação eu sou representado, / Na qual eu [sou] objeto e ator de mim mesmo [...]". Aqui, para falar a verdade, o ator não representa mais, ele não é mais o papel, mas ele mesmo, não mais Adriano mas Genest. A identificação destrói o jogo do ator e não pode, portanto, servir para defini-lo. Notemos, no que nos diz respeito, que, no mesmo instante em que a coisa se opera, *os espectadores desaparecem e é o espectador que aparece*: "Por muito tempo meu desejo foi ser aceito por *vossos* olhos / Hoje quero agradar ao Imperador dos Céus." Ao *vossos*, no plural (o verso seguinte diz: eu vos *diverti*), sucede o Único. Rotrou. *Le véritable Saint Genest*, IV, 7, v. 1324-1327 e 1365-1366, Sand-Comédie Française, 1988. Grifo meu.

chega "a ponto de me arrastar, de eu ignorar a mim mesmo, de não ser mais nem Brizard, nem Le Kain, mas Agamenon que eu vejo, mas Nero que eu ouço"⁹⁷*. O ator, portanto, no momento em que se espera que tenha se esquecido de quem é, tornando-se o outro imaginário, "arrasta" este espectador para a roda. Este espectador se ignora, desaparece de sua própria percepção, assim como "o espectador" tinha se tornado invisível para o ator. *Ele não vê mais o ator que representa efetivamente diante dele,* mas os personagens que, na verdade, não estão lá. O espectador se inscreve, portanto, se ele existe (visto que "o primeiro" refutará o roteiro desta exceção), no mesmo instante de reabsorção imaginária, extática, da diferença representativa. O que nos leva talvez a colocar as coisas como se segue. Uma vez demarcada a divisão entre a prática cênica e seus efeitos de imagem, duas maneiras de a encarar se confrontarão: aquela que considera a diferença *a partir do jogo do ator* – e então a diferença torna-se visível e marcada. E aquela que a examina *a partir do imaginário* – e a diferença é abolida. Todo esmagamento da diferença representativa supõe que possamos nos abrigar no imaginário e pensar a partir deste lugar: a própria identificação, sem dúvida. Ela exige a abolição dos espectadores como entidade efetiva, assembleia concreta de indivíduos singulares, substituída pelo *espectador*, essência fantasmática, espectro da assembleia que desapareceu. Entre o ator e os espectadores, que, afinal, estão ali, se erguem dois duplos fictícios: o personagem e *o* espectador, sombras cúmplices.

Quanto à terceira aparição *do* espectador no *Paradoxo,* vamos mencioná-la provisoriamente, porque ela aparecerá novamente. É no momento em que "o primeiro" evoca um pequeno acidente do qual ninguém está totalmente livre. Uma atriz estreante quer ouvir a opinião de algumas pessoas sobre seu talento. Convoca um pequeno grupo para julgar suas chances. A audição acontece na casa dela. Ela faz um ensaio, os amigos ficam bem impressionados, encorajam-na, elogiam-na e em seguida ela se arrisca num palco de verdade, onde é vaiada. Ora, prossegue "o primeiro", vós mesmo que

---

97. *Ibid.*, p. 124. (Em português: *op. cit.*, p. 73).

*. Le Kain (1729-1778), grande ator francês, comparado a Garrick. Brizard (1721-1791), ator da Comédie Française. (N. da T.)

a havíeis apreciado e elogiado "confessais que as vaias têm razão de ser". Que má sorte falseou o olhar? A explicação é imediata: "em seu rés do chão, estáveis terra a terra com ela [...]; ela estava frente a frente convosco [...], tudo estava em proporção com o auditório e o espaço". Em resumo: não se estava no teatro. A coisa acontecia "em um teatro particular, em um salão onde o *espectador* se encontra quase ao nível do ator"[98]. Está aí *o espectador* que vai entrando de mansinho. No teatro, *os espectadores* vaiam. Mas aqui, no salão, inopinadamente, é *o espectador* que se instala. O espectador, em sua solidão essencial, é, portanto, indissociável do dispositivo de ocasião no qual o teatro se ausenta de seu espaço público, de assembleia, para recolher-se a domicílio, no lugar-rei da vida privada, doméstica, familiar: em um salão. Os salões, na obra de Diderot, não são desprovidos de consequências.

---

98. *Ibid.*, p. 119. (Em português: *op. cit.*, p. 70.)

III

Mais uma etapa neste caminho: trata-se do texto, muito curto e hoje célebre de Freud: "Personagens Psicopáticos na Cena"[1]. No início deste texto, que os editores datam de 1905 ou 1906, pode-se ler o seguinte:

> O espectador é uma pessoa cuja participação é muito pequena, que sente ser um "pobre miserável a quem nada de importância pode acontecer", que de há muito tem sido obrigado a sufocar, ou antes, a deslocar sua ambição de ter sua própria pessoa no centro dos assuntos mundiais; ele anseia por sentir, agir e dispor as coisas de acordo com seus desejos – em suma, por ser um herói. E o teatrólogo e o ator permitem-lhe que ele proceda dessa forma

1. Tradução de J. Altounian, A. Bourguignon, P. Cotet, A. Rauzy, em *Résultats, idées, problèmes, I*, PUF, 1984, pp. 123-129. A respeito deste texto, cf. especialmente Philippe Lacoue-Labarthe, "La scène est primitive", em *Le sujet de la philosophie*, Aubier-Flammarion, 1979, pp. 185 *sq*. (Em português: cf. "Tipos Psicopáticos no Palco", tradução de Christiano Monteiro Oiticica, com revisão técnica de Jacob D. Azulay, em Edição Standard Brasileira das *Obras Psicológicas Completas de Sigmund Freud*, vol. 7, organização de Jayme Salomão, Rio de Janeiro, Imago, 1972).

fazendo-o *identificar-se* com um herói. Eles também lhe poupam algo, pois o espectador sabe muito bem que uma verdadeira conduta heróica como essa seria impossível para ele sem dores, sofrimentos e temores agudos que quase anulariam o prazer. Sabe, além disso, que só tem *uma* vida e que talvez viesse a perecer numa *única* luta contra a adversidade. Em consequência seu deleite fundamenta-se numa ilusão, vale dizer, seu sofrimento é mitigado pela certeza de que, em primeiro lugar, é outro que não ele o que está atuando e sofrendo no palco, e em segundo, que afinal de contas tudo não passa de um jogo, que não pode causar nenhum perigo à sua segurança pessoal. Nessas circunstâncias, ele pode dar-se ao luxo de ser um "grande homem"[2].

Esta passagem retoma alguns dos temas que vimos progressivamente se instalarem e, ao mesmo tempo, introduz elementos de uma evidente novidade. Observemos, em primeiro lugar, que ele é todo escrito *do ponto de vista do espectador*, segundo um modo que ainda não tínhamos encontrado. Porque Sainte-Albine escreveu um livro de espectador, mas de modo não declarado, visto que o que ele pretendia, apoiando-se sobre exigências apresentadas como gerais e racionais, era formular princípios da arte teatral e prescrições endereçadas aos atores. Suas análises eram as de um espectador, mas o objeto do texto, como indicava claramente seu título, era a arte do ator. Com Freud, a coisa é completamente diferente: ele se situa do lado do espectador, mas para revelar algo a respeito do próprio espectador, para analisar seu comportamento, produzir sua psicologia. Não estamos diante de um tratado do ator, escrito por um espectador, mas de um curto tratado sobre o próprio espectador, baseado na experiência própria ao espectador (ele "vive", "ele se sente", "ele quer sentir", ele "sabe muito bem", "ele também sabe", e assim por diante). Posição que, aliás, não se limita às poucas linhas citadas acima: ela domina todo o texto. E é *o* espectador que é levado em conta: ele é constantemente designado como o sujeito desta experiência. Ao longo do trecho todo, o pronome *ele* se refere ao espectador[*].

---

2. *Op. cit.*, pp. 123-124. (Em português: *op. cit.*, pp. 321-322. À tradução brasileira: "o teatrólogo e o ator", corresponde em francês a tradução "os atores-poetas"). (N. da T.)
*. Em francês: "*il*, c'est lui", literalmente, "ele é ele", jogo entre o pronome reto *ele* e o pronome oblíquo *lhe*, que só o francês permite. (N. da T.)

O que ficamos sabendo a seu respeito? Que, no teatro, ele se identifica com o herói e que esta identificação só é possível graças à ilusão em que ela se integra. O par identificação-ilusão está solidamente articulado, o mesmo par sobre o qual Brecht, pouco adiante, nos fará refletir tão ativamente. A ilusão, como dissemos, é uma noção utilizada com frequência no pensamento sobre teatro, e desde há muito: encontramos este termo muitas vezes nos textos anteriormente citados e sua relação com o teatro foi amplamente tematizada desde os clássicos – até mesmo em cena – como *Ilusão Cômica*[*]. A identificação vem mais tarde. O verbo *identificar-se* aparece no texto de Diderot, mas a propósito do ator. Ora, como sabemos, o conceito vai assumir, ao longo do século XX, um lugar central na análise do teatro, valorizado ou condenado, pouco importa, e a teoria freudiana, evidentemente, contribuiu para tanto. Tentemos compreender como o conceito de identificação intervém aqui.

Para abordar uma identificação, pode-se começar por duas questões ingênuas: quem se identifica? e com quê? Vamos nos aproximar delas, mas na ordem inversa, porque a primeira é a mais intrincada – e não apenas nestas poucas linhas. Podemos responder, à primeira vista, ao menos, muito simplesmente à questão: *com quê?* O texto é claro a este respeito: a pessoa se identifica *com o herói*. O espectador experimenta (fora do teatro), uma série de insatisfações: vive pouquíssimas coisas, nada de importante acontece com ele, teve que renunciar à sua ambição de estar no centro do universo. Como reação, ele quer *sentir*, *agir*, em resumo, *ser um herói*. E o teatro *coloca isto ao seu alcance*, por meio da identificação: pela identificação. Se lermos atentamente, o efeito do processo é, portanto, que o espectador *sente*, *age*, em resumo, que ele *é*. A identificação lhe permite experimentar sensações, cometer ações, assumir um ser. Como isto é possível? Por meio da ilusão, evidentemente. Na verdade, o espectador não *faz* nem *é* nada disto tudo: e ele só sente o que sente sob o modo quimérico – esta coragem, este medo, esta compaixão e até mesmo este amor (por Ximena[**])

---

[*]. *Ilusão Cômica* é o título de uma peça de Corneille. (N. da T.)
[**]. Ximena: heroína de *O Cid*, de Corneille. (N. da T.)

são feitos de ilusão. É, pois, a ilusão que sustenta a identificação, torna-a possível, atribui-lhe seus poderes. A identificação só age enquanto miragem.

Como a ilusão funciona para sustentar este edifício? Freud explicita. A ilusão repousa sobre duas "garantias": primeiramente, diz ele, a garantia de que é um outro que age e que sofre, ali na cena. A ilusão se apoia, portanto, sobre esta segurança: aquele que age e sofre – o herói – é um outro: portanto, ele não é eu*. Se posso me identificar com o herói, é, portanto, paradoxalmente, na medida em que me garantem que ele não é eu. É nisto que consiste a ilusão. A ilusão (identificadora) não procede, portanto, como se poderia esperar, da crença que estabeleceria que sou eu, lá, na cena, mas, ao contrário, da segurança que me proporciona o fato de que não sou eu[3]. Em segundo lugar, a ilusão se fundamenta na certeza de que, no fim das contas, tudo não passa de um jogo do qual não pode decorrer mal algum, isto é, se compreendemos bem, a ilusão se escora na certeza de que isto não aconteceu verdadeiramente, que as ações não são reais, que aquele que representa apenas representa e que, portanto, o herói também não é ele. O que equivale a dizer, claramente, que tudo o que acontece em cena carece de realidade: imaginário, com certeza. Não nos identificamos com nada que aconteça efetivamente. A identificação se liga ao imaginário. Ou, para responder à pergunta (*com quê?*): *nós só nos identificamos com uma imagem.* É o que nos garante a ilusão. Não é ele, não sou eu. Posso gozar sem entraves.

Resta a questão: *quem?* O problema é um pouco mais complicado. Porque somos tentados, para poder responder, a nos perguntarmos como esta identificação (de teatro) se insere no sistema freudiano. Ora, a coisa não é evidente – não por uma incerteza que decorreria de nossa questão, mas pela

---

*. Temos aqui o mesmo jogo entre pronomes retos e oblíquos: "*il n'est pas moi*", impossível em português. (N. da T.)

3. Esta contradição foi analisada de forma muito perspicaz por O. Mannoni, em *Clefs pour l'Imaginaire, ou l'Autre scène*, Seuil, 1969, reedição Points-Seuil. Em especial "L'illusion comique ou le théâtre du point de vue de l'imaginaire", pp. 161-183. (Em português: *Chaves para o Imaginário*. Tradução de Lígia Maria Pondé Vassalo. Petrópolis: Vozes, 1973).

complexidade intrínseca deste debate na teoria freudiana. "Não há, em toda a teoria psicanalítica, domínio mais confuso, mais exasperante para o leitor do que o da teoria da identificação. Ao ler a incrível proliferação de termos supostamente técnicos que aparecem nas publicações, tem-se a impressão de que a lista das identificações encontradas não se deterá nunca"[4]. E o desejo de aplicar este conceito ao teatro não diminui em nada a confusão, ao contrário: pelo simples fato de *o conceito de identificação ter sido introduzido por Freud em estreita ligação com o recurso a um modelo teatral.*

As metáforas cênicas acompanharam o desenvolvimento da noção de identificação desde o início [...]; as expressões de "cena psíquica", de cenário fantasmático, de teatralismo (histérico), de teatro onírico, de drama neurótico, de máscaras, travestis, figurantes são muito numerosas. A linguagem da cena parece, pois, inevitável quando se trata de explicar o trabalho de identificação[5].

Evidentemente, não pretendemos deslindar aqui esta complexidade redobrada.

No máximo, podemos tentar situar a curta citação de Freud numa das articulações possíveis da temática. Um comentador muito bem informado resume: "Dois grandes modelos se depreendem de nosso itinerário freudiano para conceituar a identificação"[6]. Estes modelos são: a identificação histérica e a identificação narcísica. Ora, a identificação histérica não parece o modelo adequado para tentar pensar a identificação do espectador como Freud a evoca neste texto. Ela nos remete antes à identificação do ator. Freud escreve realmente: "A identificação é um fator altamente importante no mecanismo dos sintomas histéricos. Ela permite aos pacientes [...] *desempenhar*

---

4. G. Taillandier, introdução a M. David-Ménard, J. Florence, J. Kristeva, G. Michaud, J. Oury, J. Schotte, C. Stein, *Les identifications, Confrontation de la clinique et de la théorie de Freud à Lacan*, Denoël, 1987, p. 11. (Em português: *As Identificações na Clínica e na Teoria Psicanalítica*, organização e tradução de Ari Roitman, Rio de Janeiro, Relume-Dumará, 1994, p. 17).

5. J. Florence, em *L'identification dans la théorie freudienne*, Public. des Facultés Universitaires Saint-Louis, Bruxelles, 1978, p. 50.

6. J. Florence, "Les identifications", em *Les identifications, op. cit.*, p. 169. (Em português: *As Identificações..., op. cit.*, pp. 115-147).

sozinhos todos os papéis de uma peça". Esta é "a bem conhecida imitação histérica, a aptidão que os histéricos têm de imitar"[7]. Ele indica também, em 1909: "Trata-se de uma *apresentação plástica e figurativa* do gozo sexual, de fantasias atualizadas e figuradas sob a forma de pantomima"[8]. A palavra *Darstellung*, cujo significado (entre outros) é: apresentação cênica, encenação, é traduzida aqui por "apresentação plástica e figurativa". Em suma: a identificação histérica remete antes "a ações (no sentido dramático do termo)"[9]: identificação ativa, mimética, representativa ou figurativa, que para nossa questão evoca as práticas de ator mais que as do espectador. É por isto que "o histrionismo é um aspecto de certas condutas histéricas". E o autor desta última observação acrescenta: "Às vezes foi evocado, rapidamente, o paradoxo de Diderot a propósito desta insensibilidade que recobre a comédia dos histéricos"[10]. Não se pretende dizer que os atores são histéricos; apenas que, se nos apoiarmos na dicotomia proposta acima, a primeira categoria não ajuda a pensar o processo descrito por Freud a respeito do espectador. Com certeza, é possível que exista algum móvel deste tipo também no espectador, mas é no sentido de que ele gostaria de representar, subir ao palco e, portanto, isto se encaixa mais na hipótese de uma identificação *com o ator*. Ainda vamos voltar a isto, mas é interessante notar que aqui Freud nunca evoca este aspecto das coisas. A identificação do espectador é colocada como *identificação com o herói*, com o personagem representado. A outra vertente não é explorada – nas linhas citadas.

Resta-nos, portanto, examinar a segunda possibilidade: a da identificação narcísica. Esta hipótese se revela

---

7. S. Freud, *L'interprétation des rêves*, tradução de I. Meyerson, revista por D. Berger, PUF, 1967, p. 136. Grifo meu. (Em português: vol. IV da edição Standard, tradução de Walderedo Ismael de Oliveira, p. 159).

8. "Considérations générales sur l'attaque hystérique", citadas por M. David-Ménard: "Identification et hystérie", em *Les identifications...*, *op. cit.*, p. 84. Grifo meu. (Em português: *op. cit.*, p. 71.)

9. J. Schotte, em *Les identifications...*, *op. cit.*, p. 192. Grifo meu. (Em português: *op. cit.*, p. 148).

10. O. Mannoni, "Le théâtre et la folie", em *Clefs pour l'imaginaire*, *op. cit.*, pp. 302-303. (Em português: *op. cit.*, pp. 316-317).

imediatamente produtiva. Porque Freud indica, de saída, que o espectador sofre devido à insignificância de sua vida, que ele se vê maltratado em sua aspiração a estar no centro do universo, quer tudo modelar a partir de seu desejo e que aí se articula seu desejo de ser um herói, que o teatro vai satisfazer dando-lhe a possibilidade de gozar de si mesmo como "grande homem". Ora, este desejo de grandeza é daqueles que Freud localiza e interpreta no âmbito do narcisismo. É por isto que, em "Para Introduzir o Narcisismo", ele vê um "estigma narcísico" numa certa atitude parental diante de uma criança:

> A criança terá mais divertimentos que seus pais, *não ficará sujeita às necessidades que eles reconheceram como supremas na vida*. A doença, a morte, a renúncia ao prazer, restrições à sua vontade própria não a atingirão [...], ela *será mais uma vez realmente o centro e o âmago da criação* [...]. A criança concretizará os sonhos dourados que os pais jamais realizaram – o menino se tornará um grande homem e um herói[11].

Compensação em relação às misérias da vida, revanche contra a insignificância, as derrotas, e, em fim de contas, sobre a própria condição humana: o parentesco deste trecho com o nosso salta aos olhos. A sequência do ensaio não deixará de confirmar isto: a reivindicação de grandeza é um traço narcísico importante.

Esta aproximação procede do elo, estabelecido por Freud, entre o desejo de grandeza e a categoria do *ideal do eu*, introduzida neste texto[*]. Tentemos seguir seu raciocínio. Quando os pais atribuem ao filho todas as perfeições, esta atitude é "uma revivescência e reprodução de seu próprio narcisismo, que há muito abandonaram"[12]. Este comportamento parental

---

11. "Pour introduire le narcisisme" (1914), tradução de J. Laplanche, in *La vie sexuelle*, PUF, 1969, p. 96. Grifo meu. (Em português: vol. XIV, da edição Standard das obras de Freud, *op. cit.*, tradução de Themira de Oliveira Brito, Paulo Henriques Britto e Christiano Monteiro Oiticica, p. 108).

*. A expressão "*idéal du moi*" está traduzida na edição standard das obras de Freud por "ideal de ego". Entretanto, em textos e traduções mais recentes, aparece como "ideal do eu". Optaremos por esta última forma sempre que a expressão aparecer no texto de Denis Guénoun. (N. da T.)

12. *Op. cit.*, p. 96. (Em português: *op. cit.*, p. 107).

permite, portanto, remontar, "por um raciocínio recorrente", ao *narcisismo primário* de sua própria infância, estrutura que nunca é observada diretamente. A hipótese deste narcisismo primário nasceu da análise da demência precoce, ou esquizofrenia. "Este tipo de paciente [...] exibe duas características fundamentais: megalomania e desvios de seu interesse do mundo exterior"[13]. O delírio de grandeza é, portanto, uma das marcas distintivas do narcisismo primário, que produz uma espécie de autossuficiência: "o encanto de uma criança reside em grande medida em seu narcisismo, seu autocontentamento e inacessibilidade"[14]. Ora, esta autossuficiência e o sentimento de grandeza que pode estar ligado a ela são maltratados pela vida e pela cultura. As aquisições culturais devem ser "extorquidas" ao narcisismo, elas supõem o abandono de todos os tipos de privilégio infantil, dos quais o narcisismo se alimentava[15]. O abandono das prerrogativas, a violência sofrida encontram uma forma de compensação na formação do *ideal do eu*.

> Esse ego ideal é agora o alvo do amor de si mesmo desfrutado na infância pelo ego real. O narcisismo do indivíduo surge deslocado em direção a esse novo ego ideal, o qual, como ego infantil, se acha possuído de toda perfeição de valor. [... O homem] não está disposto a renunciar a uma satisfação de que outrora desfrutou [...] ele procura recuperá-la sob a nova forma do ideal de ego. O que ele projeta diante de si como sendo seu ideal é o substituto do narcisismo perdido de sua infância[16].

Portanto, a vontade de revanche, de compensação diante das mutilações impostas ao narcisismo pela vida e pela cultura estão na raiz da formação do ideal de eu. Ora, em uma fase mais primária, são estes mesmos processos que, como vimos, produzem, segundo Freud, a identificação com o herói de teatro. Podemos, então, supor que o herói de teatro aparece aqui para *dar um rosto a este ideal* e que aquilo com que o espectador se identifica quando se identifica com o herói é uma de suas atualizações possíveis – como, em outras circunstâncias, o chefe, o líder ou

13. *Ibid.*, p. 82. (Em português: *op. cit.*, p. 90).
14. *Ibid.*, p. 94. (Em português: *op. cit.*, p. 106).
15. *Ibid.*, p. 96.
16. *Ibid.*, p. 98. (Em português: *op. cit.*, p. 111).

o herói de uma multidão, mas, neste caso, fora do teatro[17]. Podemos, portanto, concordar com O. Mannoni quando ele escreve, lendo precisamente o texto de Freud de que estamos tratando: "O teatro permite ao espectador identificar-se com um herói (quer dizer [...] que se trataria de uma identificação no nível do ideal do Eu)"[18]. A identificação com o herói investe-o, portanto, como figura do ideal do eu. É nisto que se trata de uma identificação: o herói aparece para o espectador como um ideal do eu, precisamente como um eu idealizado.

O que permite talvez responder enfim, à questão: quem se identifica? O espectador? Dizer isto não basta – nossa questão é antes desdobrada por esta atribuição, tendemos a perguntar: *quem é aquele ali,* "o espectador"? Porque, na economia do que os psicanalistas chamam com frequência "o sujeito", o que (aquele ou aquilo que) se identifica ao ideal do eu é, sem dúvida, alguma coisa como o próprio eu. É o eu que se dividiu em eu e ideal do eu, e a identificação é a eliminação imaginária desta diferença; a identificação é *a identificação do eu com o seu ideal*. A identificação pode ser compreendida como esta reabsorção ou esta assunção do eu em sua *idealização*, no êx--stase* desta *fração de eu* que se desprende (do eu, de mim) para se produzir como idealidade. É o eu que se figura como seu ideal: aqui, o herói de teatro. A resposta à questão *quem*? Seria, portanto: o eu. Mas e então? Quem é o eu? Não se pode eludir o fato de que o eu seja considerado, ao menos desde Lacan, como esta configuração essencialmente *imaginária*, constituída desde o famoso "estádio do espelho", como imagem (especular) do eu[19]. Seria possível, então, dizer: *o espectador* (ou: aquele que se identifica) é exatamente esta formação

---

17. Freud. *Psychologie des foules et analyse du moi*, cap. 7 e 8, em *Essais de psichanalyse*, Payot, 1981, pp. 167-181. (Em português: vol. XVIII da edição Standard, *op. cit.*, pp. 133-147.)

18. *Op. cit.*, p. 170. A continuação da análise de Mannoni diverge claramente da que estou propondo aqui. Voltarei a ela mais adiante.

*. O prefixo *ex-* indica movimento para fora e *stase* remete a estagnação, parada. *Êx-stase* seria, portanto, uma arrancada para fora da estagnação. (N. da T.)

19. Lacan, "Le stade du miroir comme formateur de la fonction du Je" (1949), em *Ecrits*, Seuil 1966, p. 93 *sq*. (Em português: "O Estádio do Espelho como Formador da Função do Eu", em J. Lacan, *Escritos*, tradução de Vera Ribeiro, Rio de Janeiro, Jorge Zahar, 1998, pp. 96-103).

imaginária que se constitui acima ou diante dos espectadores como *o eu* daquele que olha o teatro*. O espectador é o eu. O que permite, sem dúvida, que cada espectador efetivo afirme, doravante: "o espectador"– sou eu.

Por que *doravante*? Porque este modelo não descreve uma estrutura da experiência teatral adquirida para sempre, nem mesmo coextensiva a todo fato de teatro. Esta estrutura repousa inteiramente, como dissemos, sobre a ilusão, e uma das duas garantias que a ilusão requer é que *tudo aquilo não passa de um jogo*, que tudo o que acontece em cena não acontece verdadeiramente, que o ator não é aquilo que ele representa e que, portanto, o herói não é ele. Não foi estabelecido simultaneamente à emergência da *mímēsis* que o ator e o herói sejam dois elementos separados, heterogêneos, da ação teatral[20]. Não há identificação possível (do espectador) que não seja imaginária. Foi necessário, antes que o esquema da identificação do espectador tomasse forma, antes que pudesse advir no palco algo como o imaginário, que a cena se tornasse

---

*. No original, *regardant*: olhante. (N. da T.)

20. Endosso aqui, no essencial, a análise que Robert Abirached faz do estatuto do personagem em *La crise du personnage dans le théâtre moderne*, Grasset 1978, reed. Gallimard-Tel 1994. Mas com a seguinte nuance: o que ele designa como "o protocolo da mimese", se aí vemos a separação entre ator e personagem, caracteriza, no meu entender, precisamente "o personagem" em sua determinação *moderna*, e não me parece, apesar das aparências em contrário e dos eficazes argumentos apresentados por ele, ter adquirido esta estrutura desde Aristóteles. Também não atribuo isto a Diderot que diz: "é uma fórmula dada pelo velho Ésquilo; é um protocolo que data de três mil anos" (*op. cit.*, p. 79. Em português: *op. cit.*, p. 39). Na mesma medida em que a análise de Abirached é totalmente convincente no que diz respeito à *imitação dos modernos* (para retomar a bela fórmula de Lacoue-Labarthe), parece-me que somente por uma ilusão retrospectiva a fórmula de Diderot serviria para caracterizar a *mímēsis* da qual nos fala a *Poética*. Talvez a questão tenha sido suscitada pela tradução de *mímēsis* por *imitação*. "Sabe-se hoje, de forma, ao que parece, definitiva, que o sentido primeiro de *mímēsis* não tem nada a ver com a imitação de uma figura que já estaria dada em algum lugar e que nos introduz numa espécie de perspectiva de representação e representativa. O sentido primeiro de *mímēsis* provém do universo da dança. Ele traduz o aspecto 'dançante' da representação, no sentido teatral, no sentido da dramatização" (Declarações de J. Schotte, reproduzidas em *Les identifications...*, *op. cit.*, p. 107). A coisa não parece, no entanto, tão "definitiva" quanto assegura este intérprete. Cf. Dupont-Roc e Lallot em *La Poétique*, *op. cit.*, pp. 17-18.

portadora de imagens. Isto não é coextensivo a todo teatro. Isto é o produto de uma história e *aconteceu conosco*.

Ainda falta explicitar nossa última afirmação: o espectador é (o) eu. Falta compreender como se produz esta operação, *que é também uma identificação*: identificação dos espectadores *com o espectador*, produção desta identidade essencial, geral e singular, que su-põe[*] então *o espectador* na plateia, em vez dos espectadores que estão efetivamente ali. Produção imaginária, mais uma vez: porque *o espectador* não está em parte alguma a não ser no imaginário teatral, o qual, em breve, produzirá efeitos de realidade: a invenção do encenador, sem dúvida, nada mais é do que a vontade de colocar um espectador determinado no lugar *do* espectador e dotá-lo de todos os poderes. Esta identificação, muito mais profunda, secreta e difícil de exibir, visto que está escondida nas profundezas (daí em diante) sombrias da plateia, pode ser interpretada à luz de um outro texto de Freud, no qual ele escreve:

> Após as discussões anteriores[21], estamos, no entanto, em perfeita posição de fornecer a fórmula para a constituição libid.inal dos grupos, ou, pelo menos, de grupos como os que até aqui consideramos, ou seja, aqueles grupos que têm um líder [...] Um grupo primário desse tipo é um certo número de indivíduos que colocaram um só e mesmo objeto no lugar de seu ideal do ego e, *consequentemente, se identificaram uns com os outros em seu ego*[22].

Trata-se, para Freud, do líder, ou de uma ideia, e nós acrescentaremos que, no caso do teatro, trata-se de uma *figura*, o herói (imaginário); e, por outro lado, da identificação dos indivíduos entre si, "em seu ego"[23]. Se colocamos estas

---

[*]. Coloca por baixo. Ao prefixo *sub-*, que significa *debaixo*, junta-se o verbo *pono, ponho, coloco*; com o ensurdecimento do *b* de *sub*, temos *suppono*. (N. da T.)

21. Trata-se precisamente de considerações sobre a identificação.

22. *Psychologie des foules..., op. cit.*, p. 181. Grifo meu. (Em português: *op. cit.*, p. 147).

23. Para sermos honestos, observaremos que, nestas linhas, Freud só fala de identificação neste segundo nível. É que se trata de um texto no qual ele mantém ainda, provisoriamente, a distinção entre identificação e escolha de objeto que, entretanto, já está aí posta em questão e que será, ao que parece, mais ou menos abandonada nos textos posteriores, nos quais toda identificação será colocada como *objetal*.

linhas em relação com o texto que forneceu nosso fio até aqui, fica claro que o primeiro elo (escolha de objeto: o líder, a ideia, o herói), opera também como identificação. Nós nos permitimos, portanto, propor, finalmente, o esquema de uma identificação (teatral) dupla: com o herói, por um lado, o qual "toma o lugar" do ideal do eu, e, por outro lado, no nível do eu, o qual assume a identificação dos espectadores entre si. É por isto que há, necessariamente, no teatro, pluralidade de indivíduos no público; para que *o espectador* possa teatralmente considerar um personagem, *não pode haver um espectador solitário*. Apesar da aparência, a relação teatral nunca é dual: porque a identificação teatral é dupla, porque a identificação com o herói é sempre sustentada pela identificação mais profunda dos espectadores entre si e *porque é preciso que haja vários para que se identifiquem uns aos outros*. De modo que a condição de possibilidade (que poderíamos chamar de paradoxal) da posição *do* espectador é a existência *dos* espectadores enquanto coletivo. São necessários *espectadores* para que algo como *o espectador* possa ocorrer e se produzir como assunção imaginária.

O dispositivo teatral mudou. A relação frontal entre cena e plateia se complica, se desdobra. Agora, entre o ator e o público (efetivos), instaura-se o face a face (imaginário) do personagem e do espectador. A relação teatral é clivada, imaginariamente replicada em sua constituição interna. O que podemos representar por um esquema, no qual cada seta representa uma identificação – unívoca para o ator, em dois níveis para o público:

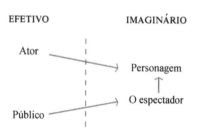

* * *

A esta abordagem de Freud, teoria do espectador enunciada de um ponto de vista de espectador, respondem, segundo uma clara simetria, as análises de Stanislávski: teoria do ator pensada a partir da posição do ator. Na mesma medida em que Freud, por seu lado, e não apenas neste texto, claro, tenta analisar *o que vê* o olhar dirigido para a representação, Stanislávski tenta evidenciar *o que mostra* aquele que representa. Chama a atenção sua contemporaneidade[24], mesmo que os principais textos do encenador russo sejam um pouco mais tardios do que o breve ensaio do fundador da psicanálise. Nem um nem outro se satisfaz com as abordagens conscientes, embora Stanislávski, a julgar pelas versões francesas disponíveis, fale mais em *sub* (do que em *in-*) *consciente*. Em todo caso, como Freud e muitos outros, ele considera indiscutível a distância entre o ator e o que ele representa. De acordo com seu ponto de vista (de ator), ele se coloca realmente, melhor dizendo, exatamente, no vazio desta distância, no intervalo entre os dois dentes de um forcado. E o objetivo de seu trabalho é determinar procedimentos capazes de aproximar o mais possível, de fazer com que se encontrem estes dois ramos que tudo separa, fundamentalmente distantes um do outro. Trata-se de chegar ao ponto onde será "estabelecido este contato entre a sua vida e o seu papel". "Representar verdadeiramente significa [...] pensar, lutar, sentir e agir em uníssono com seu personagem"[25]. A distância entre o ator e o que ele deve representar estrutura o lance inicial, é preciso fazer todo o possível para reduzi-la. É o próprio movimento da identificação.

Para designar o ponto de conjunção que é preciso alcançar, Stanislávski não emprega este termo, mas diz: *viver seu papel* ou *viver seu personagem*. "Em nossa arte, é preciso viver o papel a cada instante que o representamos e em todas as vezes. [...]. Estude os fundamentos da nossa

---

24. Freud: 1856-1939, Stanislávski: 1863-1938.
25. Stanislávski, *La formation de l'acteur*, tradução de E. Janvier, Payot, 1963, pp. 55 e 21. (Em português:. *A Preparação do Ator*, tradução de Pontes de Paula Lima, Rio de Janeiro, Civilização Brasileira, 1968, p. 76 e 43).

escola de atuação, que são os fundamentos de como viver seu papel"[26]. O que significa: viver seu papel? Normalmente o que se vive é a própria vida. Viver seu papel é empenhar sua própria vida na vida *suposta* do papel representado. E mesmo se entendermos a expressão com o sentido de "experimentar intensamente", como quando se diz "viver uma situação, um acontecimento", o resultado será o mesmo, em fim de contas: porque, neste sentido, viver seu papel é experimentar intensamente os sentimentos que sustentam a *vida do papel*. "Se não se 'vive' seu personagem, não pode haver arte verdadeira; e *isto só começa quando os sentimentos intervêm*"[27]. Viver é, antes de mais nada, sentir. As ações se articulam com os sentimentos. Não se trata de representá-los ou de imitá-los mas de vivê-los: Stanislávski se opõe, por este viés, ao que ele chama de "a escola da representação" cujos seguidores reproduzem "formas". Eles "acham, de fato, frequentemente, que não é aconselhável sentir depois que já se decidiram sobre o padrão a adotar." Outros, que praticam o que ele chama de uma "atuação mecânica", "não procuram experimentar os sentimentos do personagem". A um aluno, ele censura: "E com que [você abordou seu papel]? Com sentimentos verdadeiros, equivalentes aos do personagem que você encarnava? Não, você não experimentava nenhum"[28].

O objetivo é, portanto, entrar em relação estreita com os sentimentos supostos do papel. Stanislávski decompõe minuciosamente o processo desta suposição[29]. A análise é sutil, a identificação da qual se trata aqui não opera de modo

---

26. *Ibid.*, pp. 25 e 36. (Em português: *op. cit.*, pp. 47 e 56).
27. *Ibid.*, p. 30. Grifo meu. (Em português: "Não pode haver arte verdadeira sem vida. Ela começa onde o sentimento assume seus direitos", *op. cit.*, p. 53 (Apesar de as traduções francesa e brasileira partirem do original em inglês *An Actor Prepares*, há pequenas discrepâncias entre elas, nos trechos citados por D. Guénoun. Sempre que isto ocorrer, traduziremos literalmente no corpo do texto a citação do autor e reproduziremos no pé de página a tradução em português.). (N. da T.)
28. *Ibid.*, pp. 27-29, 31-35. (Em português: *op. cit.*, pp. 49 e p. 55: "E com que [você abordou seu papel]? Com sentimentos orgânicos, verdadeiros, correspondentes ao da pessoa retratada? Você não tinha nenhum").
29. *Ibid.*, p. 52 *sq.* (Em português: *op. cit.*, p. 73 e ss.).

imediato ou em bloco: o que dá ao "sistema" esta elaboração complexa que o caracteriza. O elo é ativo *nos dois sentidos*: "Antes de mais nada, é preciso *assimilar* o seu modelo". Aqui os dados do papel são integrados, incorporados. A relação é orientada do personagem para o ator. "Todo esse trabalho [...] permitir-lhe-á *impregná-lo com os seus sentimentos pessoais*"[30]. Aí, em contrapartida, o trabalho se transfere da vida do ator para o seu papel: a flecha identificadora avança na direção inversa. É uma das riquezas do método, que é, aliás, bastante rico; o trabalho se apoia sobre os dois polos; ele não prescreve apenas uma ingestão dos dados supostos do personagem; ele projeta também neste os móveis próprios do ator. Ele associa igualmente, de modo elaborado, o *sentir* e o *agir*, articulados pela suposição, a técnica do *se*: "Os sentimentos despertados *manifestar-se-ão nos atos dessa pessoa imaginária, caso ela fosse colocada* nas circunstâncias determinadas pela peça"[31]. E sabe-se que, sobre este ponto, a reflexão de Stanislávski não deixará de se aprofundar, até o "método das ações físicas", que tardiamente parecerá quase inverter a articulação mimética: visto que, ao contrário do esquema corrente, ele se fundará sobre o real do comportamento cênico para dele deduzir as correlações narrativas.

O que nos importa aqui é que, em todos os casos, a realidade do personagem é incansavelmente colocada como *imaginária*.

> Vocês agora sabem que o nosso trabalho numa peça principia com o uso do *se*, como alavanca para nos erguer da vida quotidiana ao plano da imaginação. A peça, os seus papéis, são invenções da imaginação do autor, uma série inteira de *ses* e de circunstâncias dadas, cogitadas por ele. A realidade fatual é coisa que não existe em cena. A arte é produto da imaginação, assim como a obra do dramaturgo. O ator deve ter por objetivo aplicar sua técnica para fazer da peça uma realidade teatral. *Neste processo o maior papel cabe, sem dúvida, à imaginação*[32].

A paisagem estará, então, saturada de imaginário. Tanto o personagem como a peça são entidades fictícias, cujo tornar--se-ativo é desencadeado por suposições, os *ses*. Diante

---

30. *Ibid.*, p. 28. Grifo meu. (Em português: *op. cit.*, pp. 49-50).
31. *Ibid.*, p. 55. Grifo meu. (Em português: *op. cit.*, p. 76).
32. *Ibid.*, p. 61. Grifo meu. (Em português: *op. cit.*, p. 81).

dessas entidades, a ação do ator consiste em duas operações estranhamente inversas: primeiro, abordar a peça com a ajuda de suas próprias suposições, para *passar da vida de todos os dias para o domínio da imaginação*. Trata-se então, como veremos nas páginas seguintes, de preencher imaginariamente os vazios deixados pelo imaginário do texto. O texto não satura o imaginário, ele apresenta apenas um traçado lacunar, intermitente: as falas, as indicações cênicas são sempre muito pobres[33]. Cabe ao ator compensar essas lacunas por seus próprios recursos imaginativos. Em seguida, ele deverá utilizar sua técnica para operar uma espécie de movimento de reviravolta e *transformar a peça* (imaginária) *em uma realidade dramática*, quer dizer, nesta espécie de realidade determinada que se produz em cena: não a realidade externa, que está ausente ali, mas a realidade propriamente cênica, dramática, a realidade da atuação e da representação. E, nesta segunda fase, a imaginação é ainda considerada como o agente decisivo. É por isto que, se o ator quer se tornar apto a realizar o conjunto dessa operação, sua imaginação deve ser ativada, desenvolvida, enriquecida, posta a trabalhar. É ela que deve torná-lo apto a fazer funcionar, duplamente, a inter-relação entre o real (da atuação) e o imaginário (do papel). A imaginação é este operador por meio do qual o ator se transporta para a imagem e afeta, na apresentação da imagem, a atividade de seu corpo, de sua vida. Movimento ininterrupto de ida e volta: de transferência (imaginária) para o papel e de reconversão da imagem assim investida de efetividade dramática, cênica.

Assim, o imaginário está em toda parte: em todas as alavancas de comando, em todas as engrenagens, ele sustenta todos os rebites e correias desta máquina. Ele é, decididamente, o *mestre do jogo*. É ele que engrena e recolhe a identificação do ator, assim como, em Freud, ele mantinha a do espectador sob seu domínio. E esta identificação é ativa. Ela permite ao ator não ser mais espectador de seu papel.

---

33. *Ibid.*, pp. 62-63. (Em português: *op. cit.*, pp. 82-83).

Você pode dizer a si mesmo: "Vou ficar como simples espectador, observar o que minha imaginação me sugere, sem tomar parte de forma alguma nesta vida". Ou então, se você decidir se entregar às atividades desta vida imaginária, você vai representar mentalmente em meio a seus companheiros e ainda assim permanecerá um espectador passivo. Ao final, *você ficará cansado de ser sempre espectador,* e terá vontade de agir. Então, enquanto *participante ativo desta vida imaginária,* você não verá mais a si mesmo, mas apenas o que o cerca e *vivendo realmente* neste ambiente reagirá interiormente[34].

Freud, como vimos, caracterizava, de alguma modo, o espectador como aquele que se entedia[35]. Entedia-se com sua vida, cujos vazios deseja preencher. Stanislávski completa o dispositivo. Para ele, "o verdadeiro ator é aquele que deseja criar em si mesmo uma outra vida mais profunda, mais interessante do que aquela que o cerca na realidade"[36]. Ambos se nutrem, pois, inicialmente, na fonte de uma profunda insatisfação diante da vida como ela é. O ator passa ao ato. Mas esta ação dramática, compensação da vida insuficiente, lacunar, vazia, é ainda uma ação *do imaginário.* Assim o imaginário se torna prático, agente. O teatro é este campo que permitirá, então, *viver o imaginário,* praticá-lo. O olhar já é aí remetido para as imagens. E então a prática do teatro se satura de imaginação, torna-se um imaginário ativado. A vida do teatro será, a partir deste momento uma vida imaginária[37], ela é este domínio

---

34. *Ibid.,* p. 70. Grifo meu. (Em português: "[Você] pode dizer a si mesmo: 'serei um simples espectador, observando o que a minha imaginação pinta para mim, enquanto não tomo a menor parte nessa vida imaginária?' Ou, se resolver participar das atividades dessa vida imaginária, visualizará mentalmente os seus associados, e com eles você, e, mais uma vez, será um espectador passivo. Finalmente, *ficará cansado de bancar o observador* e quererá agir. Então, como *participante dessa vida imaginária,* não mais se enxergará a si próprio, mas apenas verá aquilo que o cerca e reagirá interiormente a isso, pois você é uma parte real deste todo". *Op. cit.,* p. 89).
35. Observado por O. Mannoni, *op. cit.,* p. 171.
36. *Op. cit.,* p. 50. (Em português: "Todo aquele que é deveras um artista deseja criar em seu íntimo uma outra vida, mais profunda, mais interessante, do que aquela que realmente o cerca.", *op. cit.,* p. 71).
37. Cf. Sartre, "La vie imaginaire", em *L'imaginaire, Gallimard,* 1940, reedição Folio, 1986, p. 237 *sq.* (Em português: *O Imaginário: Psicologia Fenomenológica da Imaginação.* Tradução de Duda Machado. São Paulo: Ática, 1996).

singular que se mostra capaz de dar vida ao imaginário, de fazer dele um imaginário vivo.

Talvez seja Sartre quem forneça o desenho mais rigoroso para este esquema. O ator, escreve ele: "*vive inteiramente num mundo irreal*. E pouco importa se chora *realmente*, arrebatado por seu papel. [...]. Aqui ocorre uma transformação semelhante àquela que indicávamos no sonho: o ator é engolido, tragado pelo irreal. Não é o personagem que *se realiza* no ator, é o ator que *se irrealiza* em seu personagem."[38] Mas o espectador não é poupado por esse movimento. "O irreal só pode ser visto, tocado, cheirado, irrealmente. De maneira recíproca, só pode agir sobre um ser irreal"[39]. Ator efetivo e espectadores concretos se eclipsaram do novo lance. *A irrealidade do teatro* se tornou sua potência, o regime determinado de sua constituição.

---

38. *Op. cit.*, pp. 367-368. (Em português: *op. cit.*, p. 249).
39. *Ibid.*, p. 262. (Em português: *op. cit.*, p. 180).

IV

Ora, este sistema que acabamos de descrever – no qual a identificação articula as diferentes instâncias, do ator com seu papel, do público com *o espectador* e deste com o herói – *também não é o sistema de* nossa *experiência*. Nós não podemos mais formular nestes termos o que nos acontece, o que fazemos ou vemos no teatro. *Esta* fase de nossa história se distanciou de nós – ou nós nos distanciamos dela – isto é tão certo quanto o fato de nos termos tornado estranhos à fase que a *Poética* descreve. Ela nos parece mais próxima, e é mesmo, sob o aspecto cronológico. A ponto de tornar obscura nossa experiência, que tentamos interpretar com a ajuda de suas categorias. Mas se observarmos o que acontece, com olhos atentos, a constatação é irrefutável: saímos desta economia, irremediavelmente. Faz pouco, é certo, pelo menos segundo a escala da história de longa duração. Mas saímos.

No tocante ao ator, isto parece discutível. A identificação ainda tem muito prestígio. A consciência das mutações é, como sabemos, tardia – ela ocorre *a posteriori*. Desculpem-me se recorro a um exemplo prático. Nunca fui um ator notável, mas, mesmo assim, atuei durante muitos anos em diversos palcos[1]. Nunca me pareceu que eu me identificasse a nenhum dos papéis que desempenhei. Quando, com quatorze anos (a idade em que as identificações se realizam com muita facilidade), representei Trissotin[2], eu não me "tomava por" Trissotin. É verdade que se tratava de comédia, na qual a identificação se retrai, como se diz. Brecht observava: "O efeito de distanciamento é um procedimento artístico antigo; pode-se encontrá-lo na comédia"[3]. Porém mais tarde – para me ater às experiências mais marcantes – eu também não me identifiquei nem com Brutus, nem, graças a Deus, com o Cristo[4]. É verdade que praticávamos um teatro antipsicológico, desconstrutor das identidades e dos papéis, teatro de montagem, de poesia mutante, de coletivos proteiformes, polêmico e de intervenção, profundamente pós-brechtiano embora sem perceber isto com clareza. *Mas justamente*: nós não praticávamos este tipo de teatro por acaso nem por capricho. E numa de minhas (raras) experiências de viés mais tradicional, não acredito "ter pensado que era" um comissário político stalinista quando me coube defender o papel num teatro dos Bulevares[5].

1. Sobre este itinerário, cf. Denis Guénoun, *Relation*, Les Cahiers de l'Égaré, 1997.
2. *Les femmes savantes* [*As Sabichonas*, de Molière], Association oranaise de théâtre amateur, jardim da escola Berthelot em Orã. Cf. *Oran républicain*, 25-26 set., 1960.
3. "Premier appendice à la théorie de *L'Achat du cuivre*", em *Ecrits sur le théâtre 1*, l'Arche, 1972, p. 620, e *Journal de travail*, l'Arche 1976, p. 108. Esta reserva exigiria um desenvolvimento mais aprofundado: o cômico, com certeza, não atravessou a época da identificação sem se comprometer com ela. Espero poder voltar com mais calma a esta questão. (Em português: *A Compra do Latão*, tradução de Urs Zuber com a colaboração de Peggy Berndt, Lisboa, Veja, 1999 e *Diário de Trabalho*, vol. I, 1938-1941, tradução de Reinaldo Guarany e José Laurenio de Melo, Rio de Janeiro, Rocco, 2002).
4. Respectivamente em *Júlio César*, de Shakespeare, com a companhia L'Attroupement, Avignon 1976, e *X ou le petit mystère de la passion*, CDN de Reims, 1990.
5. Em *Zalmen ou la folie de Dieu*, de Elie Wiesel, encenação D. Emilfork, Théâtre de la Nouvelle Comédie (La Potinière), Paris 1974. Cf. J. J. Gautier em *Le Figaro*, 31.10.74. (Na área dos grandes Boulevards, ou

Em todos esses casos, eu me tomei por, ou melhor, eu me vi tomado por algo que não me era absolutamente indiferente. No entanto, o termo identificação me parece infiel àquilo que, nessas circunstâncias, eu *vivi*.

De maneira mais significativa, sem dúvida, tive, num trabalho como encenador assíduo e polimorfo, que dirigir a apresentação de obras mais tipicamente "dramáticas". Tentei respeitar a estrutura delas, com personagens e situações: penso não ter nunca buscado obter dos atores qualquer tipo de identificação. Tive a sorte de trabalhar, dia a dia e por anos a fio com alguns atores inspirados[6], entre os quais Patrick Le Mauff, ator absolutamente excepcional, cujo trabalho, *todos os dias*, me dava uma lição de teatro. Aconteceu de produzirmos juntos, depois de meses de tensão compartilhada, ele em sua prática como ator, eu como aquele que observa, *criações de papéis* cuja força me parece hoje ainda justificar o valor metafísico da vida[7]. Não me recordo de o ter ouvido, *nem visto*, identificar-se a algum personagem ou herói.

Mas se pode sempre supor que se trata de uma idiossincrasia da equipe[8]. Vamos, então, recorrer a uma prática comum: a de espectador. Quem afirmará que nosso modo de experiência do teatro consiste em se identificar aos personagens figurados diante de nós? Nós não nos reconhecemos mais em Rodrigo[*], nós não "somos" mais, em nenhuma instância, Fedra, Lorenzaccio nem Prouhèze[**]. Isto não significa que as questões deles não nos "tocam" mais, nem que nós não podemos aplicar algo das histórias deles a questões, ou sequências que sejam

---

grandes avenidas de Paris, apresentavam-se, a partir do século XIX, peças de entretenimento, entre as quais destacava-se o gênero que ficou conhecido como "teatro de *boulevard*", comédias ligeiras que fazem até hoje a delícia do grande público). (N. da T.)

6. Michèle Goddet, Philippe Vincenot, entre outros.

7. Para citar o inesquecível: Michelângelo em *Le Printemps* (Chateauvallon, 1985), Fausto em *Faust* (CDN de Reims, 1987).

8. A respeito do conjunto desta experiência, cf. *Relation, op. cit.*, caps. II e III.

[*]. Rodrigo: herói da tragédia de Corneille, *O Cid*. (N. da T.)

[**]. Protagonistas de Racine, Alfred de Musset e Paul Claudel, respectivamente, em *Fedra, Lorenzaccio* e *Le soulier de satin*. (N. da T.)

nossas. Ao ver Berenice* (e mais ainda ao ouvi-la), ou Lear, ou *A Gaivota*, alguma coisa que é da ordem do meu amor, da minha loucura, da minha vida fracassada me agita. Mais exatamente: o modo pelo qual se opera este *toque*, este contato, esta contaminação poética não pode mais ser pensado como identificação. Não vamos mais ao teatro para experimentar esta espécie de abandono, de esquecimento ou de projeção de si mesmo no personagem. Não que não experimentemos nada da ordem do abandono, do esquecimento ou da projeção. Mas *não é o personagem como tal que os fixa*. É algo de mais complexo, em que está em jogo o todo da representação e que nós vamos ter que compreender. Não há mais, no teatro, *heróis*, nem mesmo tragédia, no sentido estrito. Enquanto que a comédia vai muito bem obrigada: ela não requer identificação heróica nenhuma. A comédia parecia solidária em relação à tragédia, a ponto de funcionar como seu reverso, seu avesso paródico: ela sobreviveu ao abandono do gênero trágico que teria podido arrastá-la consigo. Sobra o drama, e algo de ainda mais incerto e ainda não pensado que chamamos: *espetáculo*. Nós não vamos mais ao teatro ver personagens, nem mesmo um drama: nós vamos ver *um espetáculo*. Assim se organiza nossa experiência teatral. Ainda se produzem, claro, efeitos de identificação, passageiros, fugidios, como uma espécie de espuma da representação. Formam-se *identificações menores*[9], por fragmentos: fios, franjas, vestígios de uma experiência antiga que retorna aqui e ali. E também, maciçamente e em outros pontos, outras identificações, mais nodais, que atravessam o teatro e todo o resto. Mas o teatro não pode mais se pensar tendo a categoria da *identificação com o personagem* como ponto determinante da análise.

Tomemos um exemplo. Podemos, com um olhar desprovido de preconceito, descrever atualmente uma plateia de teatro como Brecht em seu *Pequeno Organon*? Ele via ali: "figuras inanimadas, que se encontram num estado singular" que "quase não convivem entre si; é como uma reunião em que

---

*. Berenice: heroína de Racine, na peça do mesmo nome. (N. da T.)

9. Tomo de empréstimo o uso de "menor" a Deleuze e Guattari, claro, e também a Daniel Payot. Deste último, cf. *L'Objet-fibule*, L'Harmattan, 1977.

todos dormissem profundamente e fossem, simultaneamente, vítimas de sonhos agitados". Eles, acrescentava Brecht, "têm os olhos, evidentemente abertos, mas não veem [...]. Olham como que fascinados a cena, cuja forma de expressão embebe suas raízes na Idade Média, a época das feiticeiras". Brecht observava neles o "estado de enlevo em que se encontram e em que parecem entregues a sensações indefinidas mas intensas" e concluía que

o espectador deseja usufruir de sensações bem determinadas, tal como uma criança, por exemplo [...]: a sensação de orgulho por saber andar a cavalo e por ter um cavalo, [...] o sonho cheio da ventura de estar sendo seguida ou de estar ela própria a seguir outros, etc. [...]. Por sua vez, ao frequentador de teatro o que lhe interessa é poder substituir um mundo contraditório por um mundo harmonioso, um mundo que conhece mal por um mundo onírico[10].

Nós não faríamos mais esta "observação". Este mundo não é mais o nosso mundo. Os espectadores de teatro não são mais esses homens medievais enfeitiçados. Longe de nós, no entanto, pensar que esta constatação invalida toda a descrição (e, portanto, toda a crítica) brechtiana da identificação: ele nos dispensa, ao contrário, de acreditar que ela só diz respeito a este teatro, vetusto e fora de moda. Sem dúvida, este modelo de experiência não se apagou de uma só vez. É provável que Brecht tenha lidado com ele quando, ainda jovem, (era a época de Freud, de Stanislávski) deu forma a seu projeto. Mas duvidamos que em 1948, data das linhas acima citadas, ele se referisse a uma observação contemporânea. Entre um momento e outro, a crítica brechtiana viu seu objeto se deslocar, sem o assinalar: a partir de então, alerta e salutar, ela *critica talvez, de fato, algo diferente* do que declara, e acredita criticar.

O. Mannoni, observador refinado, assinala essa mutação em 1957, quando, ao comentar precisamente o trecho de Freud que lemos, escreveu: "Para falar a verdade, tornou-se cada vez

---

10. *Ecrits sur le théâtre 2*, l'Arche, 1979, p. 20-22. Observe-se que a descrição coincide, em certos pontos, com a de Freud. (Em português: *Estudos sobre Teatro*, tradução de Fiama Pais Brandão, Rio de Janeiro, Nova Fronteira, 1978, pp. 110-111).

mais claro, desde a época em que Freud escreveu, que não é essencial, para haver teatro, que haja um herói. O ideal do Eu está cada vez menos em jogo". E, mais adiante:

> É difícil dizer por que, hoje, isto já não funciona mais só quando se trata da identificação com um herói. Há uma alteração histórica, uma modificação da personalidade típica da época, da personalidade "de base". Parece que esta modificação se produziu nas relações do Eu com o ideal, justamente. Seria preciso estudar a psicologia da honra[11].

Não é possível discutir aqui o alcance geral desta constatação. No entanto, haveria muito que dizer: sobre este recuo histórico da identificação e também sobre *as identificações arrebatadas* que tal recuo provoca como resposta, do mesmo modo que o refluxo geral das religiões engendra fundamentalismos e sectarismos dos mais rígidos – os dois termos da comparação não deixam de ter relação um com o outro.

Mas deixemos de lado esta questão. Da observação de Mannoni resulta uma consequência: supondo que o teatro se funda sobre a identificação, como pensava Freud, o estiolamento das identificações deveria acarretar a caducidade do teatro. Se o palco devia nos fornecer sobretudo ocasiões para nos identificarmos com heróis, a obsolescência deste processo deveria arrastar o teatro para a extinção. Ora, apesar do cansaço, o teatro continua e *se amplia*. Como dizíamos no começo: ele não deixa de provocar uma crescente afluência de vocações, de projetos. É preciso acreditar que este movimento exprime um fundamentalismo reativo? A hipótese poderia seduzir, considerando-se alguns tipos de comportamento. Mas não, o teatro não é uma grande religião e se a recusa do declínio pode explicar o fanatismo de alguns adeptos, ela dificilmente explica esta extensão do desejo pelo teatro, que se propaga para muito além do círculo dos já convertidos. Para compreender a necessidade do teatro, tal como ela se apodera de nós atualmente, é melhor mudar de modelo. Admitir sua obsolescência, interrogar de outro modo o surgimento da necessidade que nos leva para os palcos ou para diante deles. E admitir que o esquema da

---

11. *Op. cit.*, pp. 171-172. (Em português: *op. cit.*, pp. 177-178).

identificação não permite mais explicar o que aconteceu e que devemos nos desprender dele. *E desprender-nos, em consequência, das condutas que este modo de pensamento organiza:* para agir ou reformar o teatro, deixando de nos referir ao que ele não é mais.

O que foi que aconteceu, afinal? O que foi que nos aconteceu para que a estrutura de nossa experiência mudasse?

Retomando. A experiência teatral mostrou-se como que amarrada em torno de uma dupla identificação: identificação do ator, e também *do* espectador. E *o* espectador, como dizíamos, é resultado de uma identificação. Vale notar que espectador e ator, neste sistema, identificam-se, tanto um quanto o outro, a uma figura única: o personagem. Vamos fazer duas observações. A primeira é que o primado da ação (sobre os caracteres) proposto por Aristóteles parece ter se invertido. Neste teatro *comandado* pela identificação, o personagem é que é a chave do edifício. Mas a segunda observação é a mais importante. É, na verdade, uma questão. Nós dissemos, seguindo nossos autores (Diderot, Freud), que a realidade do personagem era *imaginária*. Mas o que é que isto significa exatamente? *Onde* está situado, de fato, este bizarro ente? Qual é seu modo de existência, seu plano de realidade? Porque o corpo do personagem, em cena, não tem nada de imaginário: corpo real, de ator. Suas palavras são efetivamente pronunciadas. Na relação teatral, *onde* está o personagem? O mais simples é responder que o personagem existe *como imaginário* na atividade mental "do" espectador, e do ator. É no espírito do ator que ele existe *imaginariamente*, e também no espírito "daquele" que olha. O ator imagina o papel e dá a ver substitutos dele bem reais, atos, palavras, movimentos do corpo, que provocam no pensamento "do" espectador uma re-figuração imaginária, análoga ou, ao menos, compatível, com a que habitava o ator. É o que o modelo *su-põe*: segundo esse esquema, a relação teatral se constrói como conjunção *mental* desses dois imaginários. O teatro está na cabeça. Sua existência é imaterial. Materialmente só há atores no palco, Floridor ou Beau-Chasteau, com figurinos, acessórios, movimentos e palavras que são concretudes. Diante da cena, espectadores, também eles concretos. O teatro se forma *neles*, mentalmente, pelo suposto encontro de suas fantasias. É sempre, em fim de contas, um *teatro interior*.

Foi neste ponto que nos aconteceu, talvez, alguma coisa que nos transformou. Formulo aqui uma hipótese que vamos tentar desenvolver. O que nos aconteceu, nesse momento de nossa história, se chama *o cinema*. O cinema dá ao imaginário uma existência *efetiva*, a existência das *imagens*. Tudo acontece como se o cinema tivesse tido condições de *captar* o imaginário engendrado pelo teatro ou, ao menos, formado *na* relação teatral numa fase de sua história, e tivesse podido conferir ao produto desta apreensão uma existência efetiva, material, real, a existência das imagens. O cinema *realiza* o imaginário em imagens. Imagens fundamentalmente diferentes, por seu estatuto, das que o teatro produzia: porque, no teatro, o que se mostra é a concretude cênica – são homens, madeira, pano, gestos e palavras reais, colocados como "imagens" analogicamente, por metáfora. *Dizer sobre o ator que ele é uma imagem só é exato como metáfora*. Enquanto que as imagens do cinema são, efetivamente, imagens. Não basta apresentar o análogo de um objeto para que este substituto tenha direito, em sentido próprio, à denominação de imagem. *Isto não basta mais*: alguma coisa mudou no estatuto da imagem. As imagens do cinematógrafo tornam-se, então, imagens efetivas, imagens de direito, que proporcionam ao imaginário sua ex-sistência* apropriada, a exteriorização que lhe convém, relegando todas as outras espécies de imagem à situação de "imagens" por metáfora. Vamos tentar nos explicar a este respeito.

Uma imagem não é uma ficção. *Imago* não é *fictio*. Nem uma alegoria, nem um símbolo, nem um signo, nem um substituto figurado da coisa. A *imago* é, antes de tudo, a marca

---

*. O prefixo *ex* ressalta o caráter de exterioridade em relação a *sistere*, que significa parar, impedir de avançar. *Exsistere* significa: ser, consistir, aparecer, surgir, mostrar-se, elevar-se acima de, sair de. (Cf. *Dicionário Latino-português* de Francisco Torrinha. Porto: Marãnus, 1945, 3ª ed.). (N. da T.)

feita a partir da cabeça de um morto. Esta estrutura inicial do sentido da palavra[12] acarreta duas consequências. Primeiro, induz a que qualquer coisa passe, *diretamente*, do corpo para a imagem[13]. Claro, a marca exige um operador, um manipulador, armado de uma técnica intermediária entre aquilo cuja forma se quer guardar e a imagem obtida. Mas este operador não intervém por meio de nenhuma subjetividade formadora, ele não é construtor, organizador de ponto de vista. O corpo deposita sua forma na imagem, de modo direto, imediato. A imagem é o produto do contato da coisa com a matéria da qual ela será feita. É nisto que ela difere da pintura de um rosto num afresco, de sua figuração em um vaso. A figuração representativa supõe a exterioridade constituinte de alguém que vê, cujo olhar vai estruturar a forma re-presentativa. A imagem resulta de uma transferência de medidas, de linhas ou de volumes, por contato, por contiguidade do corpo com a forma depositada. É por isto que a imagem só servirá (metaforicamente) de nome para as outras figuras (pinturas, desenhos imitativos, formas sensíveis etc.) quando este uso for comandado, de modo mais ou menos declarado, por uma concepção da representação como impressão, marca da coisa sobre um receptáculo – eventualmente passando pelos sentidos, pensados como receptores de *impressões sensíveis*.

A segunda consequência da carga etimológica do termo decorre de sua determinação como *imagem do morto*[14]. Neste sentido, a imagem, em primeiro lugar, atesta o passado. Forma moldada sobre o defunto, traço de uma presença ausente, marca no presente do que foi e não é mais. Uma imagem é, antes de tudo, conservadora, depósito da memória, cujo valor de memorial condicionará, em contrapartida, uma série de concepções da memória *como estoque de imagens*. A imagem

---

12. Certamente a etimologia aparece aqui de forma um pouco enrijecida: o objetivo é simplesmente ressaltar a diferença entre o esquema da *marca*, constitutivo da imagem, e o do *análogo*, que rege muitas outras figurações.

13. Como, etimologicamente, para o desenho – forma decalcada, traçada diretamente sobre um corpo ou um objeto. Cf. adiante, nota 15.

14. Cf. R. Debray. *Vie et mort des images*, Gallimard 1992, reedição Folio, 1994, p. 27 *sq*. (Em português: *Vida e Morte das Imagens: Uma História do Olhar no Ocidente*, tradução de Guilherme João de Freitas Teixeira, Petrópolis, Vozes, 1994).

serve de testemunho de (e para) tudo o que passou, de tudo o que é passado. Esta é a sua singularidade entre as figuras. Todas as figuras mostram o ausente, o que falta, mas a imagem dá testemunho dele precisamente na medida em que o ausente, que falta, *esteve ali*, esteve presente no lugar atual e determinado de sua ausência. A imagem está no espaço deixado vazio pelo referente: não distante dele, como a evocação analógica de algo longínquo, mas no lugar tipificado, marcado por sua ausência, no lugar de sua presença que se tornou passado.

Ora, a invenção da fotografia produziu, em nossa história, uma reativação, extremamente forte, deste esquema. A força procede evidentemente da capacidade de reprodução, quase infinita, do resultado. Quanto ao esquema, ele resulta do fato de que uma fotografia se forma por *impressão* sobre um suporte de radiações luminosas provenientes do próprio objeto. Para tanto, são necessários uma máquina e um operador: mas o operador só manipula o dispositivo que permite que a luz proveniente do objeto atinja a matéria do suporte e aí deixe sua marca. O operador tenta prever, e controla, o processo: mas o processo prescinde dele – o instante da tomada é o da obturação do visor, como se fosse necessário, para que o aparelho grave sua marca, que o operador pare de ver e, portanto, de receber a sua marca[15]. A fotografia recebe *diretamente* a marca da luminosidade do objeto. Nenhuma reconstrução *dentro do próprio processo*, embora ela ocorra evidentemente nos dispositivos de agenciamento. O operador não está *entre* a coisa e a fotografia; ele age sobre, em torno, ao lado de seu elo. É o que confere à fotografia este valor irredutível, novo, o de atestar uma presença. Barthes diz: "Chamo de 'referente fotográfico' [...] a coisa necessariamente real que foi colocada diante da objetiva, sem a qual não haveria fotografia. [...] A foto é literalmente uma emanação do referente. [...] Toda fotografia é um certificado de presença"[16]. Pode-se pensar, com

---

15. Devo esta observação a Pierre-Damien Huyghe.
16. R. Barthes, *La Chambre claire, note sur la photographie*, Cahiers du Cinéma-Gallimard-Seuil 1980, pp. 120, 126, 135. (Em português: *A Câmara Clara, Nota sobre a Fotografia*. Tradução de Júlio Castañon Guimarães. Rio de Janeiro: Nova Fronteira, 1984, p. 114-115, 121, 129).

Barthes, que este advento marca uma cesura na história das práticas figurativas – e, por isto mesmo, na história. Talvez nunca antes nos tenhamos defrontado com um tal movimento de báscula da representação em direção à pura apresentação – quando não em direção à *imago*, às máscaras mortuárias, aos embalsamamentos[17]. Ora, esta característica é solidária do fato de que a fotografia atesta sem refutação possível a presença do que esteve ali e se ausentou. A fotografia dá a ver a presença – por *default* – do que está morto, ou, ao menos, do instante que se foi irremediavelmente. Barthes ainda: "na Fotografia, jamais posso negar que a coisa *esteve lá*. Há dupla posição conjunta: de realidade e de passado. [...] o que vejo [...] é o real no estado passado: a um só tempo o passado e o real"[18]. O que ilustra sua observação abissal a respeito da foto, mais que centenária, de um condenado à morte antes da execução: ele está morto, e ele vai morrer[19]. Ao mesmo tempo *imago* do morto e quase *imago do instante* anterior à morte, o que nenhuma máscara mortuária jamais oferecerá. Estes dois traços (de marca e de vestígio do passado) conferem a todas as fotos, de modo eminente e radical, o caráter de *imagens*. Por eles, as fotografias se singularizam entre todos os outros tipos de figuras: pinturas, entalhes, pantomimas. As fotografias são, em certo sentido, as primeiras imagens verdadeiras. Mesmo se o termo imagem é muito anterior a elas. E, afinal, não é impossível que o termo tenha precedido a coisa: *talvez já existisse a ideia de imagem antes de se dispor de imagens efetivas*. A imagem fotográfica seria a culminação de um processo cuja marcha foi acompanhada pelo conceito de imagem: aqui como talvez em outros domínios, a invenção técnica responderia ao programa expresso na noção que a precedeu[20].

---

17. É preciso compreender a radicalidade desta inovação, depois de W. Benjamin e apesar de alguns espíritos reativos, como conjunção deste valor de presença e de sua capacidade de reprodução. Cf. A. Hennion e B. Latour, "L'art, l'aura et la techique selon Benjamin", *Cahiers de médiologie*, Gallimard, 1996, p. 235 *sq*.

18. *Ibid.*, pp. 120 e 130. (Em português: *op. cit.* pp. 115 e 124).

19. *Ibid.*, pp. 148-150. Trata-se da foto de Lewis Payne por Alexander Gardner (1865). (Em português: *op. cit.*, p. 143).

20. Cf. B. Balasz, *L'esprit du cinéma*, Payot, 1977, p. 136.

Mas as imagens não bastam para constituir o imaginário. Aqui sobrevém o cinema. O imaginário é o campo da imaginação: campo que ela produz e onde ela se move. Observemos que o termo ("o imaginário", utilizado como substantivo) é de uso recente. No emprego corrente, ele tem a idade do cinema[21]. Como compreender esta contemporaneidade compartilhada? Lembremos que a teoria clássica sobre a imaginação via nela uma faculdade de apresentação ou de combinação de elementos fornecidos pela sensação[22]. Ora, o modelo da sensação é *a impressão sensível*: considera-se que a sensação procede de um efeito direto, de todo modo sempre táctil, do objeto sobre o órgão dos sentidos. Todos os sentidos são, segundo esta concepção, modalidades do tato: o gosto e olfato são tato de emanações das coisas, como a audição é um tato pelo som e mesmo a visão, o tato mais distante, mas, ainda assim, tato, do olho pela luz. A sensação é um contato – a psicologia clássica se adaptará do melhor modo possível à concepção dos perceptos como imagens (ainda que "imagens acústicas" como para Saussure). A imaginação dispõe desses diferentes traços perceptivos, e não pode jamais prescindir de seu material. Seus produtos mais fantásticos são a combinação entre eles: a neve negra, o cavalo vermelho, o unicórnio associam de modo pouco habitual elementos postos à disposição pela percepção do real: neve, negror, cavalo, cornos etc[23]. Em seu uso da fantasia, a imaginação é, portanto, a combinatória não realista de elementos reais. Ela reúne assim dois fatores: sensações provenientes do

---

21. O dicionário *Robert* histórico data o uso a partir de Maine de Biran (1820). Mas naquela época o substantivo ainda é ignorado pelo dicionário *Littré*. Ele só se difunde, no uso corrente, no início do século XX.
22. Cf. Sartre, *L'imagination*, PUF 1936, reedição 1994, pp. 7-19. (Em português: *A Imaginação*, tradução de Luiz Roberto Salinas Fortes, Rio de Janeiro, Bertrand Brasil, 8ª ed., 1989).
23. Cf. por exemplo, Hobbes, *De la nature humaine*, Vrin, 1991, cap. III, § 4, pp. 21-22. (Em português: *Leviatã* foi publicado na coleção Os Pensadores, em tradução de João Paulo Monteiro e Maria Beatriz Nizza da Silva. São Paulo, Abril Cultural, 2ª ed., 1979. Na primeira parte, "Do Homem", encontram-se os capítulos 2 e 3 que tratam "Da Imaginação" e "Da Consequência ou Cadeia de Imaginações", pp. 11-19).
24. Sobre tudo isso, cf. a discussão de Sartre, *op. cit.*, *passim*, por exemplo, pp. 122-125.

mundo, por impressão, e uma *capacidade combinatória* que delas se distingue e que, portanto, não é diretamente redutível aos sentidos. Aqui as doutrinas variam: alguns veem aí uma intelecção pura, outros um estágio do sensível[24]. Mas, sem pretender decidir, pode-se muito bem propor, para as necessidades do nosso debate, que, se os elementos sensíveis procedem da sensação, a capacidade de os combinar mais ou menos livremente provém, por seu lado, de uma capacidade de se distanciar da sensação: e, logo, de alguma forma, do intelecto como tal[25]. A imaginação une então um material sensível (os elementos, as partes, que são impressões) e uma faculdade combinatória, associativa, que organiza sua sintaxe e que resulta do pensamento abstrato. A imaginação compõe elementos sensíveis segundo uma combinatória inteligível, ideal – se entendermos por isto, simplesmente: que não deve ao sensível o princípio de sua formação. Ela é feita de um léxico (sensível) e de uma sintaxe (ideal). Ela age no lugar exato da articulação entre ambos.

Ora, o cinema reproduz exatamente esta estrutura. As menores unidades que o compõem são os fotogramas: quer dizer, *impressões*, marcas de objetos sobre uma matéria sensível, apta a conservá-las e a exibir seus traços. O cinema recebe da fotografia, que compõe o tecido de sua matéria, a relação absolutamente singular entre ela e o referente, o real. *Aí está um dos dois elementos de seu alcance imaginário*: que ele não partilha com o desenho animado, por exemplo. O desenho animado, como muitos outros modos de figuração, não é desprovido de eficácia imaginária. Mas não partilha com o cinema esta "conaturalidade com o referente"[26] da qual fala Barthes. Ele não pode se prevalecer desta função eminente que o cinema, pela fotografia, recebe de sua *impressão* pelo real. E não foi o desenho animado, mas o cinema, que se impôs durante o século XX como grande figurador e condensador das produções imaginárias de seu tempo. (Embora não apreciemos

---

25. Este modelo é evidentemente discutível. Para nós, ele apresenta, entre outras virtudes, a de ser exatamente análogo ao que Eisenstein constrói para caracterizar o que chama de *montagem intelectual*. Cf. adiante, nota 28.

26. *Op. cit.*, p. 119. (Em português: *op. cit.*, p. 114).

nem um pouco os certificados de garantia que se comprometem com o futuro, podemos observar que as imagens de síntese não participam deste parentesco profundo da imagem fotográfica com o modelo da percepção. As imagens de síntese são figurações que se distinguem por uma forte inovação técnica. No entanto, não é proibid.o pensar que elas não estão em condições, como o desenho animado também não está, de suplantar a função do cinematógrafo no imaginário coletivo: função de vestígio do que esteve lá, de testemunho prestado sobre as coisas pelo efeito direto do objeto sobre a matéria sensível. Nenhum *playboy* sintético, ou desenhado, é dotado da mesma força fantasmática daquela cuja beleza impressionou a objetiva enquanto ente que *realmente passou* diante dela). Mas os fotogramas são (e são apenas) os elementos últimos do cinema. O cinema os associa, os faz sucederem-se e se combinarem por meio de uma sintaxe, de um elo combinatório que nada deve à impressão sensível enquanto tal e vale como pura idealidade: estabelecimento e variações de enquadramento, movimentos do ponto de vista, montagem[27]. Trata-se aí do que Eisenstein designava (no tocante à montagem) como "intelectualidade" da operação[28] e que se pode estender aqui a todos os efeitos de sintaxe. O cinema toma os elementos fotográficos que deixaram sua impressão e os envolve num movimento que é o do pensamento, da intelecção enquanto tal[29].

É o mesmo que dizer que o cinema partilha com a imaginação a totalidade de seu sistema: a natureza de seus elementos e a forma dos laços que ele lhes impõe. Estamos, pois, diante

---

27. Cf. G. Deleuze, *L'image-mouvement*, Minuit, 1983, cap. I a III. (Em português: *A Imagem-movimento*, tradução de Stella Senra, São Paulo, Brasiliense, 1985).

28. Por exemplo, em S. M. Eisenstein, *Au-delà des étoiles*, UGE 10-18 1974, p. 197 e *Le film, sa forme, son sens*, Bourgois 1976, p. 71.

29. Cf. G. Deleuze, "La pensée et le cinéma" em *L'image-temps*. Minuit 1985, p. 203 *sq.*, que discute precisamente Eisenstein a este respeito. Mas também, sobre as relações entre o cinema e o pensamento, B. Balasz, *op. cit.*, pp. 160, 163, 170 e 171, e E. Morin, *Le cinéma et l'homme imaginaire*, Minuit, 1956, reedição 1985, pp. IX-XI e 31-42. (Em português, respectivamente, *A Imagem-tempo*, tradução de Eloísa Araújo Ribeiro, São Paulo, Brasiliense, 1990; e *O Cinema ou o Homem Imaginário*, tradução de Antônio Pedro de Vasconcelos, Lisboa, Relógio d'Agua, 1997).

de um fenômeno singular: tudo se passa como se o cinema tivesse *libertado o imaginário do espaço mental onde ele supostamente estava confinado*, para lhe dar o estatuto de um ente objetivo. O cinema é o imaginário realizado. O cinema condensa, na materialidade de seu texto, a idealidade e a sensitividade cuja conjunção era privilégio da imaginação. E ele apresenta o produto desta concreção sob a forma efetiva de *imagens*. Não mais imagens por metáforas, como são as "imagens" mentais. Mas imagens concretas, existentes sob o modo da exterioridade. *O cinema é o tornar-se-imagens do imaginário*. Ele é a sua literalização, sua efetuação: sua realização[30]. É por isto, provavelmente, que o termo imaginário, como substantivo, é seu contemporâneo.

E é por isto que o cinema captou, confiscou em alguma medida, o imaginário do teatro. Fez a mesma coisa com as outras artes? O cinema, como anunciavam seus fundadores, opera a substituição de *todas* as produções artísticas? Substituição a respeito da qual é preciso dizer que ela foi propriamente imaginária, em todos os casos, substituição pela imagem e na imagem. Pode-se pensar que o cinema também seja o *tornar-se-imagem* da música, ou da pintura, o *tornar-se-imagem* realizado da pintura, aquilo a que talvez a pintura não se reduza, aquilo a que ela talvez resista? Não é essa a nossa questão aqui. Colocá-la suporia outros percursos: pelo vídeo (pela música, ao menos, já que é no vídeo que a música opera seu devenir-imagem), ou pela questão da "imagicidade" ou "imageidade" da pintura, com a qual Eisenstein se preocupava bastante[31]. Mas, para o teatro, pelo menos, a questão é clara: seguramente o cinema, na elaboração de sua "gramática", tirou uma parte de seus recursos da estrutura do espetáculo teatral. Ele integrou a maior parte dos procedimentos, englobando-os no agenciamento, mais amplo, de seu dispositivo: dramaticidade, uso dos atores, dos cenários, apropriação de uma boa parte do repertório. Os "pioneiros"

---

30. Cf. E. Morin, *op. cit.*, p. 207 e também Christian Metz, *Le significant imaginaire*, Bourgois, 1993, pp. 62-65, 86, 92. (Em português, "O Significante Imaginário" foi publicado na coletânea *Psicanálise e Cinema*, tradução de Pierre André Ruprecht, São Paulo, Global, 1980, pp. 15-92).

31. Cf. Eisenstein, *Cinématisme, Peinture et cinéma*, Complexe, 1980.

(Eisenstein, Gance, Griffith) não cansavam de dizer e de colocar isto em prática[32]. A referência ao teatro é um dos elementos de constituição do que nós chamamos "o cinema": não o único, mas um elemento certamente axial.

O cinema captou (por *realização*) o imaginário do teatro. A cena de teatro se tinha, por assim dizer, cindido em dois espaços: o dos existentes práticos (os atores, a atuação e seu aparelho efetivo) e o dos existentes imaginários (os personagens e suas histórias). Nossa hipótese é que o cinema, levando esta divisão a seu termo, e se ocupando com um único dos dois termos, *realizou* as produções imaginárias da cena, deu-lhes uma existência de *imagens* efetivas, concretas, materiais[33]. Com isto, ele assegurou a *independência* delas, sua libertação em relação à cena e a seus protocolos. Em alguma medida, ele as emancipou, devolveu-lhes a liberdade, como se diz a respeito de um prisioneiro. O imaginário (do teatro) pôs-se ao largo, fugiu do espaço cênico onde estava encerrado. O imaginário (teatral) desertou o teatro, por ter assumido sua *real* independência. O que deixa a cena como que mutilada, despossuída de um de seus dois componentes. Voltaremos a isto.

A respeito disto (de o cinema ter confiscado o imaginário teatral), não invocarei mais do que uma única ilustração. Lembremos que Stanislávski põe no centro de seu método a imaginação ativa do ator[34]. Este deve produzir imaginariamente o papel, apoiando-se na existência (imaginária) que o texto e as indicações do autor lhe dão, mas completando-os, preenchendo--os, enriquecendo-os, porque eles não poderiam sozinhos realizar (imaginariamente) a existência cênica. Como proceder? O ator dispõe de um "encadeamento de circunstâncias": é a suposição, aquilo que põe em movimento a imaginação ativa. A partir dela, é necessária "uma linha contínua de visões interiores,

---

32. Entre mil exemplos: "O cinema é a etapa atual do teatro. A fase imediatamente consecutiva." S. M. Eisenstein, *Au-delà des étoiles, op. cit.*, p. 170 (1926).

33. Cf. Christian Metz, *op. cit.*, pp. 92-95.

34. Como outros, em sua esteira. Cf. M. Chekhov, *L'imagination créatrice de l'acteur*, Pygmalion, 1995, e *Etre acteur*, Pygmalion, 1984. (Do autor, existe em português *Para o Ator*, tradução de Álvaro Cabral, São Paulo, Martins Fontes, 1986).

ligadas a estas circunstâncias *para que elas nos apareçam de modo vivo*". A partir daí, o processo é descrito da seguinte maneira: "Desta sequência de momentos vai surgir uma linha contínua de imagens, como num filme. Enquanto atuarmos de forma criadora, esse filme se desenrolará e se projetará na tela da nossa visão interior, tornando vivas as circunstâncias". "Vamos fazer *um filme imaginário*", repete o diretor. O objetivo é tirar a imaginação de sua letargia, do limbo: dar-lhe vida. "Sua imaginação se reduzia a ideias gerais, tão imprecisas quanto um filme mal revelado"[35]. Simples comparação? Sem dúvida. Mas terrivelmente eficaz: porque ela pensa a imaginação (interior) como essencialmente cinematográfica. A imaginação que é preciso fazer viver no teatro é um momento de cinema *não realizado*. Desde então, o realizado vai valer sempre mais: mais concreto, mais efetivo, mais *visível*. O cinema captou tão bem o imaginário do teatro que este atualmente só pode representar sua força plasmadora a partir do modelo do filme. E é esta espécie de cinematografia latente que condiciona a *vida do teatro*. Stanislávski retoma obstinadamente esta comparação. Não se trata de uma questão menor: "Só quando nosso sentimento dramático lança suas raízes na corrente oculta do subtexto, o 'movimento', a 'linha de ação' de uma peça, *ganham vida*. O movimento se torna manifesto não apenas pelas ações físicas, mas também pela palavra". É para produzir este "subtexto", gerador de *movimento* e de *linha de ação* que o ator deve se tornar cineasta em seu íntimo:

> Vocês devem inventar um verdadeiro filme de imagens mentais, de imagens interiores: um subtexto contínuo [...] semelhante a um filme cinematográfico constantemente projetado sobre a tela de nossa visão interior e destinado a nos guiar enquanto *falamos e agimos* no palco. [E insiste:] É necessário que este filme interior se desenrole muitas vezes diante do olho do espírito. [...]. É passando em revista este filme interior que vocês conseguirão estar todo o tempo conscientes do que devem dizer e fazer. [...]. A imaginação faz o resto. Ela acrescenta continuamente novas pinceladas, detalhes que preenchem e animam o filme interior[36].

35. *Op. cit.*, pp. 71-76. Grifo meu. (Na edição brasileira: itens 4 a 6 do capítulo quatro, "Imaginação", pp. 90-95).
36. Stanislávski, *La construction du personnage*, tradução Ch. Antonetti, Perrin, 1966, pp. 118-131. (Em português: *A Construção da Personagem*. Tradução de Pontes de Paula Lima. Rio de Janeiro: Civilização Brasileira, 1976).

Etc. Poderíamos encadear uma infinidade de citações – de Stanislávski e outros. Vemos aqui em que consiste a aptidão do cinema para subtrair o imaginário do teatro, mais que qualquer outra figuração – melhor do que a pintura, por exemplo, que teria podido ser chamada para efetuar este rapto: ele subtraiu *a ação* que define a essência do drama, porque ele é mais capacitado para a figuração do movimento, é mais cinético. E ele captou a palavra, coisa que nenhuma figuração plástica tinha conseguido fazer antes dele. O imaginário teatral se põe assim *sob a autoridade* do modelo cinematográfico. De certo modo, ele se rende ao cinema. O teatro se gaba de dar vida a seu imaginário por saber projetar para si mesmo um filme[37]. *Mas isto*, evidentemente, *o cinema faz melhor que ele.* Ele o faz de forma mais efetiva, mais material. Tornando o imaginário o mestre do jogo, o teatro se tornou provisoriamente disponível para esta captação do cinema, que cozinha mais eficazmente o imaginário porque o transforma efetivamente em imagens e faz, portanto, realmente, o que a imaginação *achava que fazia*: ele faz passar a imaginação, fábrica de imagens, do âmbito da metáfora provisória ao âmbito de uma efetivação.

Ninguém se espantará, portanto, com o fato de que a identificação se realize melhor no cinema do que no teatro. Se a identificação desapareceu do teatro, como modo dominante da experiência, ela impera na relação cinematográfica[38]. Não nos identificamos mais com nenhum herói de teatro: mas nos identificamos, e como, com os heróis e personagens de cinema. Vamos reler os textos sobre a identificação (o de Freud, por exemplo), hoje ultrapassados em relação ao teatro: podemos constatar o quanto eles se aplicam à nossa experiência cinematográfica. Não somos mais Rodrigos mas Rambos, Batmans, assassinos por natureza[39]. *Ou Schwarzeneggers*: porque se, no

---

37. Cf. E. Morin, *op. cit.*, p. 84 *sq*.
38. B. Balasz, *op. cit.*, pp. 128-129. E. Morin, p. 109 *sq*. Voltaremos a isto mais adiante.
39. As consequências vão até os tribunais. Cf. "Oliver Stone Perseguido pela Justiça Americana por seu Filme *Assassinos por Natureza*", *Le Monde*, 28 e 29.07.96, p. 19. Lendo esta reportagem fica claro que o problema da responsabilidade (penal) se tece em torno do conceito de identificação.

teatro, o ator está hoje definitivamente separado de seu papel, no cinema, em compensação, ator e papel encontraram uma poderosa unidade. A diferença entre eles é incerta: chegamos a esquecer o nome do personagem (como se chamam Gabin em *A Grande Ilusão*; Jouvet em *Quai des orfèvres,* Alain Delon em *O Sol por Testemunha*?*). Referindo-nos ao papel, dizemos: Gabin, Arletty, Schwarzenegger. Ator e papel formam novamente uma unidade práxica, estão de volta os *práttontes*. Mas esta unidade se refaz *como unidade imaginária*. Identificamos ou diferenciamos de modo impreciso o personagem (007) e o ator (Connery) *mas o ator também é imaginário*: ele existe como *star***, vedete, nos periódicos, nas revistas, *nas imagens*. O ator é *uma imagem* animada, que frequenta nossos sonhos diurnos e noturnos. Se o cinema re-constitui a unidade perdida do imitante e do imitado, da atuação e da imagem, do ator e do representado, ele a faz renascer *na imagem*, como efeito de imagem. E é com esta unidade indivisa, estranhamente situada numa zona indiferenciada entre a ficção e o real (*e esta in-diferença é imaginária*), que nós nos identificamos atualmente – em massa.

Não pretendemos aqui desenvolver a análise das modalidades desta identificação: ela diz respeito à teoria do cinema, considerada em si mesma. Mas tudo o que dissemos até aqui diz respeito à relação com o personagem ou com a coisa representada. E o espectador? As discussões, numerosas, sobre a identificação no cinema levaram certos autores a propor o modelo de uma *dupla identificação cinematográfica*[40]. Esta análise revela, em alguma medida "sob" a identificação mais

---

*. Em francês: *La grande illusion*, e *Plein soleil*. (N. da T.)
**. Em inglês, no original. (N da T.)
40. Para uma apresentação de conjunto, cf. J. Aumont, A. Bergala, M. Marie, M. Vernet, *Esthétique du film*, Nathan 1994, em especial o capítulo 5, "Le cinéma et son spectateur", p. 159 *sq*. Para as análises às quais este volume se refere, cf. Christian Metz, *op. cit.*, pp. 65-79, e J.-L. Baudry, "Le dispositif", em *Communications*, nº 23, *Psychanalyse et cinéma*, Seuil, 1975, p. 56 sq. (Em português: *Estética do Filme*, tradução de Marina Appenzeller, Campinas, Papirus, 1995).

manifesta (com um ou com vários dos personagens da ação, batizada como *identificação secundária*), a existência de uma identificação mais profunda, menos imediatamente observável, e que será considerada como *identificação cinematográfica primária*[41]. Trata-se de identificação, não mais com uma figura representada na tela, mas com o ponto de vista a partir do qual as coisas são filmadas: o espectador assume, ficticiamente, que "é ele que vê esta paisagem a partir deste ponto de vista único [...]. É ele, neste *travelling*, que acompanha com o olhar, sem sequer ter que mover a cabeça, o cavaleiro que galopa na campina; é seu olhar que constitui o centro exato desta varredura circular da cena, no caso de uma panorâmica"[42]. Em resumo, como dizem esses autores, esta identificação ("primária") é a que constitui o espectador como "sujeito transcendental da visão"[43]. Já se comparou, eficazmente, esta posição à da criança diante do espelho, no momento da operação constitutiva de sua identidade, de seu narcisismo elementar[44]. E foram observadas diversas analogias entre essas duas posturas: atividade motora reduzida (da criança, que só se desloca com ajuda, e do espectador imóvel em sua poltrona), atividade visual superinvestida, recorte da tela e do espelho. Mas observa-se também uma diferença notável: é que a tela não devolve, na imensa maioria dos casos, a imagem do sujeito suposto da visão[45]. Esta observação exige que nos detenhamos um instante. Porque se a tela, ao contrário do espelho, não reflete a imagem do espectador suposto, se, portanto, a tela, sob este aspecto, não é um espelho efetivo, é, na verdade, por uma razão muito simples: "o" espectador, na sala de cinema, não existe em parte alguma como tal. Se o espelho cinematográfico refletisse a imagem daquele que olha, ele não mostraria "o espectador", mas a plateia, quer dizer, espectadores múltiplos e diversos. Nada existe na sala

---

41. Cf. Aumont *et al.*, *op. cit.*, pp. 185-187, onde são retomadas as análises de J.-L. Baudry e Christian Metz.
42. *Op. cit.*, p. 187.
43. *Ibid.* Christian Metz, *op. cit.*, pp. 69, 71.
44. Lacan, "Le stade du miroir", art. cit., cf. acima, cap. III, nota 19.
45. Aumont *et al.*, *op. cit.*, pp. 174-176 e 186. J.-L. Baudry, *op. cit.*, p. 69. Christian Metz, *op. cit.*, pp. 65-66.

como "corpo próprio" do espectador, que possa sustentar a identificação especular. É necessário, portanto, para que ocorra esta identificação cinematográfica primária, que uma espécie de mediação se instaure entre a sala e a visão, que possibilite o retorno da imagem para um olhar único: e esta mediação é evidentemente a câmera e o conjunto de seus atributos. É a existência da câmera, instituída como ponto de vista unificador, homogeneizador – pela morfologia técnica do aparelho mas também pela elaboração de uma gramática da narrativa fílmica (o código estruturado pelos planos, a montagem, o corte, a retórica do encadeamento das sequências etc.) – que torna possível a focalização de uma instância de visão "central" ou "transcendental", como dizem de forma excelente os autores que citamos, cuja afirmação instaura o *sujeito-espectador* da visão. Então, poderá ocorrer, real-mente, a identificação primária do espectador de cinema, que não será descrita como "aquela por meio da qual o espectador se identifica com seu próprio olhar"[46] mas antes como a operação pela qual *os* espectadores de cinema, ou *um espectador*, este aqui ou aquele ali, você e eu, vêm se instalar imaginariamente no lugar do ponto de vista da câmera, para se identificar daí por diante com o sujeito transcendental da visão. A identificação cinematográfica primária é exatamente a produção *do* espectador, produção articulada a partir de um dispositivo prático, ao mesmo tempo técnico e narrativo[47].

Ora, a coisa é muito mais incerta no teatro. De alguma forma, Louis Althusser percebeu isto, à sua maneira, quando censurou Brecht por atribuir demasiada importância ao modelo "psicológico" da identificação. Ele escreveu sobre isto: "quando se [no caso, Brecht] invoca, para pensar o estatuto da consciência espectadora, o conceito de identificação (com

---

46. Aumont *et al.*, *op. cit.*, p. 185.
47. Christian Metz está muito próximo desta posição quando escreve que "o espectador, em suma, se identifica consigo mesmo [...] como puro ato de percepção" (*op. cit.*, p. 69), ou o designa como "refugiado em si mesmo como pura instância de percepção" (p. 75). Mas ele parece ainda considerar o espectador como uma realidade empírica. Sem dúvida por causa da "solidão do espectador de cinema", que ele opõe ao "público verdadeiro [...] provisória coletividade" reunida no teatro (p. 89). Claro: mas um espectador sozinho, ou solidões vizinhas, não bastam para fazer *o* espectador. É necessária, exatamente, *a identificação* de que estamos aqui falando.

o herói) não se corre o risco de uma assimilação duvidosa?" Esta recusa se fundava numa vontade de não reduzir a conduta espectadora a um modelo psicológico, mas levar em conta, nela, o que a constitui como "conduta social e cultural-estética, e, nessa condição, ela é também uma conduta ideológica"[48]. A continuação de sua pesquisa o levará a complexificar consideravelmente essa oposição[49]. Mas, já neste texto de 1962, ele prossegue:

> Antes de ser a ocasião de uma identificação (em si sob as aparências de Outro), o espetáculo é, fundamentalmente, a ocasião de um reconhecimento cultural e ideológico. Este reconhecimento de si supõe, no princípio, uma identidade essencial (que torna possíveis, enquanto psicológicos, os próprios processos de identificação psicológicos): o que une os espectadores e os atores reunidos em um mesmo lugar, durante uma mesma noite[50].

Seria o caso de discutir, ponto por ponto, os termos deste surpreendente raciocínio. Espero poder fazê-lo em outro momento. Deixando de lado a análise das noções utilizadas (reconhecimento, identidade e, sobretudo, a sugestão de incluir atores e espectadores na referida identidade suposta, vou aqui me contentar em observar que a identificação (que Althusser caracteriza como identificação *consigo mesmo* sob as espécies de um Outro é encarada nestas linhas como condicionada pela existência da reunião coletiva. Aquilo que *um* espectador de teatro experiencia, irremediavelmente, antes (ou durante) qualquer identificação, é a existência da assembleia da qual ele participa[51]. De modo que se *o* espectador, cuja existência o

---

48. "Le 'Piccolo', Bertolazzi et Brecht (Notes sur un théâtre matérialiste)", em *Pour Marx*, Maspéro, 1965, reedição La Découverte 1996, p. 149. (Em português: *A Favor de Marx*, tradução de Dirceu Lindoso, Rio de Janeiro, Zahar, 2ª ed., 1979, p. 131).

49. Cf. seus *Ecrits sur la psychanalyse*, Stock-Imec, 1993, reedição Le livre de poche Biblio-essais, 1996, nos quais se pode ler quase que em cada página os esforços, jamais abandonados, para articular ideologia e inconsciente.

50. *Op. cit.*, pp. 149-150.

51. Sobre este ponto, cf. Denis Guénoun, *L'exhibition des mots, une idée (politique) du théâtre*, Ed. de l'Aube, 1992; (Em português: *A Exibição das Palavras, Uma Idéia (Política) do Teatro*. Tradução de Fátima Saadi. Rio de Janeiro: Teatro do Pequeno Gesto, 2003); "L'insurrection, toujours", em *La Décentralisation théâtrale, 3* (organização de R. Abirached), Actes-Sud

teatro, desde os modernos, se esmera em supor, é, evidentemente, uma produção imaginária, é, em primeiro lugar, e, sobretudo, na medida em que aquele que se *reconhece* neste imaginário *se desconhece* fundamentalmente como existente coletivo, como assembleia. *O espectador* é, muito exatamente, um existente ideológico. Pode-se dizer que *o* espectador só existe depois da representação: na recordação, eventualmente, e, sem dúvida alguma, nos escritos, nas reconstituições, nas análises. O que existe no teatro é, de fato, a assembleia dos espectadores e os efeitos de identificação são, antes de mais nada, efeitos de massa, no sentido em que Freud entendia a expressão.

Sem dúvida, o cinema muda alguma coisa nisto tudo. Porque, se é verdade que as salas de cinema, sobretudo em seu surgimento, tinham antes sido teatros, *odéons** (e muitas línguas ainda testemunham esta relação), e, se o cinema também é um fato de assembleia[52], também é verdade que *o* espectador recebe, no cinema, uma existência consideravelmente reforçada pelo dispositivo prático que origina aquilo que um pouco acima referíamos como identificação primária. O aparelho óptico (técnico e narrativo) que constitui *o* espectador como sujeito da visão reconduz o agenciamento ideológico que supunha a existência *do* espectador de teatro, mas conferindo-lhe uma existência muito mais consistente. *Certamente, no cinema, o espectador está na imagem,* e não em qualquer outro lugar. Na sala de cinema, só há espectadores, até mesmo um espectador: *o* espectador, jamais. Mas, precisamente, ele está, com efeito, na imagem: como alguém que percebe, como "objetiva", como ponto-de-vista-da-câmera[53]. E então encontramo-nos diante do mesmo paradoxo de antes, mas, aqui, radicalizado: o espectador só tem uma existência imaginária, mas se trata aqui de um imaginário efetivo, realizado, porque a imagem tem uma existência real, material. Não que as imagens mentais

---

Papiers, 1994, e *Lettre au directeur du théâtre*, Edição de Les Cahiers de l'Egaré, 1996.

* . Odeon ou odeão: edifício destinado, entre os gregos, ao ensaio da música que seria cantada nos teatros (Cf. Dicionário Michaelis). (N. da T.)

52. As transformações recentes da recepção do cinema pelo vídeo só fazem acentuar a diferença da qual estamos falando.

53. Christian Metz, *op. cit.*, p. 76.

não tenham existência, mas a imagem cinematográfica tem uma existência externa, a existência de uma materialidade exterior, isto é, ela tem uma *ex-sistência*, propriamente. Com o cinema, o imaginário *ex-siste*. Ele não está mais confinado na interioridade suposta.

Aqui ainda, portanto, o cinema se entrega a uma espécie de *captura*, pela realização daquilo que o teatro havia longamente elaborado como sua ideologia. O cinema capta o imaginário *do* espectador e lhe atribui a consistência óptica do efeito-câmera. Apontaremos um único indício disto, que afeta, a partir de então (e como afeta!), a própria relação teatral: o fato de que o imaginário do ator de teatro era, em Stanislávski, re-figurado como *filme interior*. Tínhamos dito que *o* espectador de teatro não tinha nenhuma existência efetiva. Mas isto não é mais verdade. *O* espectador nasceu, exteriorizou-se e, faz pouco, alcançou o estatuto de um ente e até mesmo de um ofício: *o espectador de teatro existe, como encenador*. O encenador é exatamente *um* espectador que se coloca em posição de ser *o* espectador. O encenador é esta consciência subjetiva, que pretende ocupar o lugar da assembleia teatral, por condensação. Todos os tipos de ritos ligados à função provam isto com crueza: basta lembrar o lugar habitual do encenador durante os ensaios, lugar do arqui-espectador, do espectador central, absoluto, lugar que se confunde com frequência com aquilo que os teatros perspectivistas tinham pre-suposto como o lugar do Príncipe, lugar do olho único que reúne e faz convergir em si as linhas da perspectiva. O encenador é aquele que acredita que o teatro é feito de imagens. Não pretendo aqui passar em revista todos os credos (nem todos os esforços) dos encenadores em seu trabalho. Muitos deles (eu inclusive) se entregaram ou se entregam quotidianamente a um esforço para desarmar esta posição: multiplicação de pontos de vista, saltos perpétuos na direção do palco, desejo de integração no coletivo dos atores. Falo simplesmente da lógica histórica, inevitável, da função, do sistema que investe seu *lugar*. O encenador é *o* espectador de teatro encarnado. É por isto que os encenadores ficam tão infelizes durante as apresentações: o lugar deles só está garantido durante os ensaios, na ausência do público. Eles o figuram, eles o condensam numa subjetividade pessoal. Mas quando o público invade a sala, o lugar do encenador desaparece, remove-se a mesa e a lâmpada, e ele é expulso de seu lugar. Porque, na sala, não há lugar para o espectador: só para espectadores, múltiplos e determinados. No teatro (se teatro quer dizer: quando o público está lá), não há encenador feliz. Durante os ensaios, sim. Chega a estreia: tormento garantido.

O encenador é a realização da ideologia do teatro. E não consideraremos fortuito o fato de que o surgimento do encenador, como ofício independente, função estética específica, seja exatamente contemporâneo da invenção do cinema. Porque o encenador tenta produzir no teatro uma posição que está se inventando a seu lado, no cinema, calmamente e para sempre: a posição do sujeito transcendental da representação. É que o cinema roubou do teatro *seu* espectador imaginário. Dando--lhe seu estatuto, sua existência, sua autonomia: na imagem. Mas na imagem realizada.

Tanto para o palco quanto para a plateia, tanto para o personagem quanto para o espectador, o cinema veio, portanto, realizar o modelo que o teatro tinha progressivamente elaborado para pensar sua atividade: para reconhecê-la e também para desconhecê-la. Segundo um esquema que evocávamos acima, o cinema, invenção técnica tardia, teria assim feito consistir, existir, um modelo estético anterior a ele: ele teria vindo se instalar no lugar de um certo sonho do teatro, como se a invenção técnica tivesse sido chamada, requisitada, desejada antes de nascer, alojando-se no espaço preciso que o desejo precursor lhe atribuía. Compete aos historiadores da técnica dizer se a hipótese desta antecipação estética (e ideológica) da invenção tem algum valor. Vou invocar aqui, para me acompanhar ao menos nesta fantasia, um último testemunho, que nela se apoia. Trata-se do surpreendente texto de Eisenstein, intitulado "Diderot falou de cinema"[54].

---

54. "Diderot a parlé de cinéma". In *Le mouvement de l'art*, texto estabelecido por F. Albéra e N. Kleiman, Ed. du Cerf, 1986, pp. 77-96.

O que ocupa o cineasta nestas páginas é o problema do ator e de sua atuação. Engajado numa nova fase de sua atividade de ensino e de realização[55], Eisenstein lamenta que os atores de cinema (pelo menos os soviéticos) estejam ainda presos à retórica e à ênfase da representação teatral, quando seria preciso que manifestassem "a vida absolutamente verdadeira que é *necessária* diante da objetiva"[56]. Ora, a inadaptação da atuação teatral a esta *necessidade* procede das condições da representação: as dimensões das salas, a distância do público e, sobretudo, o fato de que este esteja artificialmente situado de um único lado da atuação (esta última característica levando a uma orientação unilateral da expressão) conduzem inevitavelmente os atores de teatro a um jogo forçado, exagerado, que acaba por se reduzir a um único de seus planos e cujo resultado é que

> o que, do balcão, se acha que é uma 'nuance' expressiva é, na verdade, uma careta apavorante de tão crispada, o que se ouve 'em meio-tom' nas últimas fileiras da plateia é, de fato, o grito de um ator que se esgoela e o que parecia cheio de vida e de verossimilhança no palco, revela os traços caricaturais ou grotescos diante da objetiva[57].

Para remediar este defeito, Eisenstein elabora uma nova técnica de formação dos atores de cinema que pretende que, durante os ensaios, o dispositivo de trabalho seja, de alguma forma desteatralizado:

> Os tablados foram destruídos: a ação cênica foi levada para um ambiente murado dos quatro lados. O público fica sentado à toda volta. O encenador circula: procurando o ponto de demonstratividade máxima do lado preciso em que a ação assume mais relevo [...]. O ator ignora de onde a lente da objetiva pode fixá-lo: ele não pensa em si mas em seu parceiro, com o qual está ligado pela atuação; ele não pensa na ribalta ou nas coxias, mas na porta que o atrai, na janela pela qual ele tem vontade de olhar, no sofá no qual ele tem vontade de se deitar.

Trata-se, portanto, de passar a uma representação *sem público*: não construída diante de um olhar situado, fixo, em relação ao qual a ação se organiza e se orienta, mas estruturada a partir

---

55. Cf. nota dos editores, *op. cit.*, p. 258.
56. *Idem*, p. 88. Grifo meu.
57. *Ibid.*, p. 86.

da referência a um olho flutuante, que pode estar em todos os pontos, múltiplo e móvel – o da câmera. Opera-se a "passagem do acontecimento notado unilateralmente ao acontecimento cercado – ao acontecimento exposto de todos os lados." Por esta exposição omnidirecional, é preciso conseguir que a atuação *não se preocupe mais com sua exposição,* mas com sua necessidade interna, produzida pelas relações entre personagens e sua comunicação com o meio no qual se estabelece a ação[58].

Ora, Eisenstein dedica o essencial de seu texto a mostrar que o teatro, há muito, manifesta esta exigência. A necessidade de uma mudança deste tipo na atuação não nasce com o cinema, não é trazida até os atores de teatro a partir do exterior, pelos efeitos induzidos pela nova técnica. Sua necessidade é proclamada de dentro do teatro, e muito antes da aparição do cinema. É um requisito interno ao teatro. Mas, no teatro, ele é *absolutamente impossível de satisfazer*: o teatro não pode, por si mesmo, responder a esta necessidade que ele manifesta. De forma que esta verdade da atuação, feita de des-ênfase, de redução de sua amplitude às dimensões do modelo, de re--adequação à medida e à sobriedade da vida, produzidas por sua *des-orientação,* sua capacidade de se subtrair ao comando da posição do público para se colocar sob o olhar de uma espécie de espectador universal, esta verdade, portanto, *é um sonho do teatro,* que o cinema vem *realizar.* "O que está acima das forças do teatro aparece como a condição inicial [...] do cinema. [...]. O que é inacessível ao teatro – está totalmente ao alcance do cinema". E, portanto: "O cinematógrafo é justamente o único domínio onde podem *ser realizados os sonhos* daqueles que deliravam [...] no teatro"[59].

É por isto que Eisenstein se empenha em mostrar que o teatro fala, em alguma medida, do nascimento do cinema, antes que ele ocorra. O desejo de verdade no teatro é uma "antecipação"[60] do que o cinema fará quando surgir. É a Diderot que se deve creditar esta faculdade visionária. Porque Diderot, sobretudo nos textos conhecidos sob o título de *Entretiens sur*

---

58. *Ibid.*, pp. 88-90.
59. *Ibid.*, pp. 81, 88, 87. Grifo meu.
60. *Ibid.*, p. 78.

le Fils naturel [*Conversas sobre o Filho Natural*], formula um certo número de exigências que anunciam e prefiguram aquilo a que o cinema deverá, e poderá, responder. Estas exigências são: uma atuação natural, imediata, verídica, em conformidade com a naturalidade da vida, claro; mas de modo mais original: o desejo de um cenário móvel, que mudasse de algum modo a cada cena ("Ah! se tivéssemos teatros nos quais o cenário mudasse a cada vez que o lugar da cena tivesse que mudar!"[61]), até mesmo em diferentes momentos de uma cena (ao longo de um passeio: "e a última cena aconteceu em tantos lugares diferentes quantas foram as pausas que fez este honesto ancião"[62]; o sonho de um abandono da frontalidade ("Convenhamos que este quadro não poderia realizar-se em cena, que os dois amigos não teriam ousado olhar-se de frente, voltar as costas ao espectador, se aproximar, se separar, se reaproximar"[63]). Em resumo, tudo o que leva Diderot a querer "transportar para o palco o salão de Clairville, tal e qual"[64], isto é, levar a vida para o palco ou, antes, deixar a cena pela vida ("Deixem de lado os palcos; voltem para o salão"[65]) de forma a mudar radicalmente de ponto de vista sobre a representação: "EU – Mas no teatro! DORVAL – Não. Lá não. É no salão que minha obra deve ser julgada"[66]. De novo o salão.

Para Eisenstein, esta capacidade antecipadora de Diderot se caracteriza, sobretudo, por duas outras invenções, que foram, por assim dizer, invenções cinematográficas antecipadas. A primeira é a invenção da quarta parede. Eisenstein usa como epígrafe de seu ensaio, e a retoma no corpo do texto, a célebre citação do *Discurso sobre a Poesia Dramática*: "Imaginem no proscênio uma grande parede que os separa da plateia e representem como se a cortina não se levantasse"[67]. Sabemos que a ideia será retomada mais tarde

---

61. *Ibid.*, p. 92. Cf. Diderot, *Oeuvres*, Gallimard-La Pléiade (1992), p. 1206.
62. Eisenstein, *op. cit.*, p. 93. Diderot, *op. cit.*, p. 1207.
63. Eisenstein, *op. cit.*, p. 95. Diderot, *idem*, pp. 1211-1212.
64. Eisenstein, *op. cit.*, p. 84. Diderot, *op. cit.*, p. 1227.
65. Eisenstein, *op. cit.*, p. 95. Diderot, *op. cit.*, p. 1209.
66. Eisenstein, *op. cit.*, p. 85. Diderot, *op. cit.*, p. 1210.
67. Eisenstein, *op. cit.*, pp. 77 e 87. Os editores ignoram a referência da citação, que eles retraduzem do russo. Diderot, *Discours sur la poésie*

e, profundamente pensada por Stanislávski, que Eisenstein, claro, conhecia e a quem cita[68]. Ora, esta ideia não é aplicável no âmbito do teatro. Stanislávski e seus seguidores no Teatro de Arte nada conseguiram a este respeito e, para falar a verdade, foram obrigados a "matar no nascedouro esta fé ilusória na quarta parede da cena teatral"[69]. Por quê? Porque, para Eisenstein, o teatro é incapaz, apesar das tentativas experimentais (que ele conhecia bem, por ter participado de muitas delas), de pôr em prática o abandono da direção imposto pela presença do público. Eisenstein cita em nota este interessante comentário feito por um observador: "Nos últimos anos, K. S. Stanislávski dizia não apreciar as encenações previamente estruturadas. Ele *sonhava* com uma cena em que as quatro paredes fossem móveis e onde o ator não tivesse como se esquivar durante o espetáculo..."[70]. Mas só o cinema poderá realizar esta hipótese de um olhar potencial, capaz de surgir inopinadamente de qualquer lugar, à revelia dos atores. Por que, afinal, a quarta parede é condenada, no teatro, a não passar nunca de "um sonho"? Obviamente porque o teatro não pode abolir o público. Diderot diz, no trecho que precede a célebre citação: "[para conseguir isto], seria necessário que o autor e o ator esquecessem o espectador e que todo o interesse fosse relativo aos personagens [...]. Portanto, quer estejam escrevendo, quer estejam representando, façam de conta que o espectador não existe. Imaginem no proscênio uma grande parede etc"[71]. A quarta parede é um sonho de abolição do público – que o teatro não pode de forma alguma satisfazer.

Mas com o qual pode sonhar. E eis que Eisenstein se interessa por uma ficção de Diderot, que lhe parece profetizar o cinema. Sabemos que a peça, *le Fils naturel*, é, por assim

---

dramatique, em *Diderot et le théâtre, I, le Drame*, apresentação de A. Ménil, Agora-Pocket, p. 201. (Em português, há a tradução de L. F. Franklin de Matos, *Discurso sobre a Poesia Dramática*, São Paulo, Brasiliense, 1986. O trecho referido está na p. 79).
68. *Op. cit.*, pp. 80 e 83.
69. *Ibid.*, p. 84.
70. *Ibid.*, p. 83, nota. Grifo meu.
71. *Op. cit.*, pp. 200-201. (Em português: *op. cit.*, pp. 78-79).

dizer, emoldurada por uma espécie de prefácio e por um posfácio composto pelas citadas *Entretiens*. Ora, prefácio e posfácio contam uma história que o próprio Diderot chamará de "uma espécie de romance", e que relata as condições previstas para a representação da peça, seu "objetivo não sendo apresentá-la no teatro"[72]. A história se refere a uma família que decide representar para si mesma fatos marcantes que lhe aconteceram realmente. O filho, Dorval, escreve a peça que os reconstitui. Cada membro da família desempenha seu próprio papel. A representação acontece no salão e com os figurinos que viram os acontecimentos se darem, ou se concluírem. O texto deve reproduzir as palavras que foram ditas. Em resumo, há aí uma ficção perfeitamente louca, de uma (con)fusão da realidade com a representação. Que esta iniciativa, por um lado, fracasse – no que diz respeito ao "romance" – não nos importa aqui. Mas ela exprime um desejo de correspondência, até os limites extremos concebíveis, da representação com os fatos que ela representa e que se contentaria, ao menos assintoticamente, em re-produzir. Nenhum público, portanto, fora os próprios atores, que são também personagens, e autores de seus papéis. Nenhuma diferença representativa, exceto a do tempo que passou – e também a morte, que bloqueará a máquina. Ora, Diderot não se contenta com este roteiro de aniquilamento desejado da *mímēsis*. Porque Diderot, ou ao menos o personagem do "romance" que será denominado "Eu", encontra, ainda assim, um lugar na cerimônia. *Mas um lugar absolutamente escondido*. Introduzido furtivamente pelo personagem principal (pelo herói[73] desta história), este "Eu" se dissimula no salão, atrás de uma tapeçaria e vai poder assistir, escondido dos atores, a toda a representação. É evidente que não podemos deixar de ver neste "romance" uma extraordinária figuração da constituição *do* espectador sonhado pelo teatro. Porque todos os elementos estão ali: abolição do público efetivo, enquanto coletividade, fantasma da redução da diferença representativa e da aproximação forçada entre ator e personagem – aproximação ainda mais desejada

---

72. *Idem*, p. 193.
73. Cf. *Entretiens sur le fils naturel*, em *Oeuvres, op. cit.*, p. 1201.

na medida em que o teatro acabava de concluir a separação irremediável entre um e outro (é o próprio Diderot quem vai escrever o *Paradoxo*) – ideologia da cena que sonha com a supressão de sua separação em relação ao mundo e, portanto, sonha suprimir a si mesma enquanto cena em benefício de um lugar puramente vivo, onde só se travariam relações entre personagens (o salão), integração deste sonho no dispositivo de um romance, *declarado como perfeitamente imaginário*, produção concomitante da figura *do* espectador, solitário, isolado, ignorado pelos atores e reduzido a um puro olhar e, enfim, *last but not least*, determinação rigorosa deste espectador como "Eu" (Moi): não falta mais nada.

E Einsenstein também. A respeito deste trecho, ele escreve:

[em vez de cenários], as quatro paredes do cômodo. Quatro, precisamente, não três. [...] Os espectadores? Há um espectador. Mas este único espectador não se parece com o rei Luís II da Baviera que gostava de ser o único espectador e mandava que representassem só para ele os dramas musicais de Wagner [...]. Ao contrário deste rei, instalado no vazio de um teatro, este espectador é humilde, insignificante; ele se encolhe aqui mesmo, nesta sala, de lado, num cantinho, para não perturbar o que acontece na cena, que não é mais um tablado, mas simplesmente um cômodo comum[74].

Eisenstein aponta aqui, com precisão, a construção *efetiva* da quarta parede, a supressão do público e sua substituição pelo espectador único. Ele nota também que este espectador vem tomar o lugar do espectador real, o Monarca solitário diante do espetáculo, cujo desejo de proporcionar apenas a si mesmo a representação é uma mania de louco, o sonho delirante de um Príncipe que quer ocupar sem partilhá-la a posição transcendental do Sujeito. *O* espectador será o sujeito moderno, neutro, supostamente comum[75], que virá substituir o delírio real, não mais mandando edificar um teatro para si, mas se intrometendo fraudulentamente na cena, dissimulado no próprio lugar da ação, escondido num recanto do que não é mais um tablado mas um pedaço do mundo real. Ora, tudo

---

74. *Op. cit.*, pp. 141-142.
75. Cf. J.-L. Nancy, "Un sujet?", in *Homme et sujet*, organização D. Weil, L'Harmattan, 1992, p. 47 *sq.*

isto acontece no regime da suposição, claro: apenas na efetividade (romanesca) da suposição. Porque Eisenstein prossegue:

> Evidentemente este teatro não é, assim como o espectador e sua forma de participação no espetáculo também não são, nada além de um jogo da imaginação. Que, por mais imaginário que seja, exprime com coerência a essência das tendências e das aspirações às quais seu autor gostaria de dar corpo.

E aí chegamos ao âmago do espantoso equívoco de Eisenstein. Porque o imaginário é, para ele (como para nós), a ficção que produz *o* espectador do teatro e lhe atribui figura romanesca. Mas para Eisenstein este imaginário é a marca do limite do teatro, de sua impotência para abrir lugar, efetivamente, para este espectador. O teatro sonha, imagina, um dispositivo que responda a suas tendências, a suas aspirações, mas fracassa em lhe dar vida. Por este sonho, ele apenas antecipa o cinema que dará corpo a esta pré-figuração. Foi neste sentido que Diderot falou de cinema. Mas com o cinema, o caráter imaginário deste sonho vai cessar. O cinema vai investir *o* espectador e seu modo de participação de uma existência real, "objetiva", é o caso de dizer: "Cento e tantos anos mais tarde, graças às possibilidades de uma objetiva cinematográfica deslizante, invisível, através da ação, esta presença de um olho estranho ao núcleo dos acontecimentos mais íntimos se tornará *a encarnação real* dos propósitos sonhadores de Diderot"[76]. O que nos espanta não é tanto a análise que Eisenstein faz da *realização* do imaginário do espectador pelo olho da câmera, sua concepção da câmera como *imaginário realizado do teatro*, advento daquilo que o teatro tinha fantasiado como posição *do* espectador, *voyeur* onipresente e ignorado: tudo isto corrobora nossas hipóteses. É, em especial, o fato de que ele parece desconhecer, soberanamente, que esta realização se produz *na imagem* e *como imagem*. Que se trata, portanto, de uma realização do imaginário *na imagem*, sob o modo da efetividade determinada da imagem. Ele a considera simplesmente como uma *encarnação real*: que este real seja o real da imagem, e apenas dela, e que, portanto, o que se concretiza

---

76. *Ibid.*, p. 142. Grifo meu.

assim – o sonho que se realiza – o faça segundo um *modo de realidade* muito particular, imágico, não parece preocupar Eisenstein nem por um instante.
No pensamento de Eisenstein, este desconhecimento é estrutural. Como se a imagem fosse pensada por ele de modo latente, como o real que vem. Vejamos um último exemplo. A passagem acima, curiosamente, não está no texto "Diderot falou de cinema" – embora seja a ilustração mais clara do título –, mas num outro ensaio, mais ou menos contemporâneo daquele, intitulado "Cinema em Relevo"[77]. Neste texto, Eisenstein repete que o cinema substituiu o teatro, realizando tudo o que o teatro queria e, sobretudo, o que ele queria e não conseguia realizar. Mas aqui o cineasta se preocupa com o fato de que, naquele momento, a superação cinematográfica do teatro ainda não tivesse conseguido "destacar" uma dimensão do teatro: a visão em profundidade, que ele analisa em detalhe como ligada à existência do caráter tridimensional da plateia e, portanto, ao volume efetivo do espaço que recebe o público. Apesar de diversas aproximações técnicas que ele comenta (profundidade de campo, grandes angulares etc.), o cinema continua ainda prisioneiro de uma forma chapada: duas dimensões. O teatro conserva, portanto um privilégio em relação ao cinema: sua aptidão para a profundidade, a tridimensionalidade, e esta vantagem é solidária em relação ao dispositivo concreto da assembleia dos espectadores reunidos: efetivamente, o volume da plateia e os agenciamentos que ali acontecem asseguram ao teatro a possibilidade de um percurso do olhar pelas saliências e reentrâncias, por aproximações e afastamentos concretamente múltiplos. Ora, de modo completamente estarrecedor (estarrecedor pela ingenuidade teórica e histórica), Eisenstein declara esperar, com certeza, a anexação desta aptidão pelo cinema, graças ao advento iminente do cinema em relevo, que virá, necessariamente, porque a bidimensionalidade da tela deixava, naquele momento, o cinema totalmente impotente para integrar no seu âmbito a profundidade da plateia. Ora, se o cinema integra e ultrapassa o todo do teatro, ele deve integrar também isto. O cinema em relevo é, portanto, inelutável. O problema,

---

77. "Du cinéma en relief", em *Le mouvement de l'art*, *op. cit.*, p. 97 *sq.*

para nós, não está no fato de Eisenstein anunciar com a certeza de um oráculo a generalização iminente de uma técnica que cinquenta anos depois de seu texto continua marginal: somos todos capazes desse tipo de profetismo técnico, que nos faz vaticinar, peremptoriamente, profundas mudanças sem futuro, e nos impede de enxergar as que se processam bem diante de nós – Eisenstein, muito curioso a respeito das pesquisas técnicas, é praticamente indiferente à aparição do vídeo. A surpresa maior é o fato de Eisenstein ignorar, simplesmente, que, caso ocorresse, a absorção da plateia no relevo da tela seria, ainda assim, uma integração do volume *na imagem,* uma realização *pela imagem*: uma absorção (imaginária) da plateia pelos recursos técnicos da tela. E também o fato de que ele anuncie esta profunda mudança como pura realização prática, realização efetiva da teatralidade, indiferente ao fato de estar predizendo apenas uma extensão do *mundo da imagem.* Como compreender que este homem genial – e lúcido, atento, esclarecido – tenha tomado os desenvolvimentos do cinema por mera realidade, sem levar em conta a *dominação* deles pela imagem, e tenha visto no sujeito-câmera a *realização* do espectador, sem se dar conta de que é sua realização por meio da imagem, "imágica"? Vamos levantar aqui uma hipótese. Talvez tudo isto demonstre apenas que, para ele, a prática da imagem era, *efetivamente uma práxis,* um campo de operações reais. Sua atividade não era a de um espectador comum, mas a de um *diretor*. Talvez, no fundo, seu discurso seja o de um encenador. Porque *o encenador é o único espectador cujo olhar se empenha numa prática* – uma ação. Todos os outros mergulham na imagem, no imaginário realizado – é mais uma espécie de paixão. *O espectador*, vejam, é ele: mais ainda que o encenador de teatro, espectador antecipado e necessariamente infeliz, o cineasta, é o único cujo olhar vale efetivamente como *práxis*, é o único *mimētès reunificado, resumindo em si toda a história da representação – o cineasta, diretor do imaginário, sujeito-soberano das imagens do tempo.*

V

Este é o ponto em que *nós* estamos. O teatro se deixou despossuir do imaginário que tinha progressivamente elaborado em seu âmbito – de sua ideologia, podemos dizer, desde que não se conceba sob este termo uma nuvem de representações sobrevoando sua prática, mas antes um conjunto de formações imaginárias ativas, que intervêm, realmente, por reconhecimento e desconhecimento, em seu movimento. Sua história tinha visto nascer duas grandes figuras fundamentais, ambas imaginárias: o personagem, o espectador, que atualmente passaram para a esfera do cinema. É, então, ao cinema que devemos nos dirigir se quisermos ver personagens (e com estes nos identificarmos), ou se quisermos vivenciar a experiência de sermos sujeitos-espectadores da representação. Daí o prestígio in-finito do cinema, e que ele infunde, em alguma medida, aos diferentes modos de comunicação em que aparece: televisão, vídeos, publicidade etc. O cinema satisfaz, e instiga nossa demanda de identificação – com os outros, como figuras, e conosco, como sujeitos. E o teatro nisto tudo?

Aqui ressurge nossa questão. Se sua necessidade repousasse apenas *neste modo de representação*, ele deveria desaparecer. Ou sobreviver apenas para atestar um passado já sem poder, eclipsado na contemporaneidade. E se ele *insiste*, se se impõe obstinadamente como componente ativo de *nossa* história, se nele algo de vivo se mantém ou se desenvolve, é porque sua necessidade se inscreve não mais neste regime da representação, mas em outro lugar . É porque sua função profunda não é mais colocar frente a frente o personagem e o espectador. Ou: porque não vamos mais ao seu encontro para desfrutar da visão de figuras imaginárias, nem para vivenciarmos uma subjetividade constituinte da representação. Para tentar circunscrever sua necessidade, tal como ela nos domina hoje em dia, é preciso procurar compreender *o que lhe resta* depois do sequestro desses fantasmas. E, portanto: o que acontece com ele. Duplamente, porque ele é duplo: tablado e arquibancadas.

Em primeiro lugar, examinemos o palco. Ele era o lugar da existência conjunta de uma prática efetiva – o jogo dos atores[1] –, e de seus efeitos de figuração – os personagens. Ele foi pouco a pouco se aclimatando à coexistência entre essas duas instâncias, e foi partilhado para atender aos dois espaços distintos: espaço prático, espaço figural. Espaço concreto, espaço fictício. Vimos d'Aubignac trabalhar, pacientemente, sobre essa disjunção. Esquematicamente, podemos formular essa constatação do seguinte modo: se o personagem, ou, ao menos, sua eficácia, sua força imaginária (e com ele todo o aparato de seus lugares, tempos, ações imaginárias, ou, ao menos, sua capacidade de enfeitiçar abandonaram o espaço da representação teatral, isto significa que *no palco hoje só resta o jogo dos atores*. Claro, ainda encontramos ali personagens e efeitos imaginários ligados aos papéis. Mas são agora efeitos secundários, que não sustentam mais a singularidade do teatro e não trazem mais em si nem com eles, a razão de sua

---

1. Haveria muito a dizer sobre o processo que, progressivamente, determinou essa prática como *jogo*, mais que como imitação ou declamação. Para isto, seria preciso examinar com muita atenção a história do teatro na época da estética.

necessidade. Isto que se designa como *o jogo do ator* ocupa hoje em dia todo o espaço deixado livre, habita todo o palco. Sua necessidade intrínseca não pode ser mais deduzida da necessidade de dar vida a personagens. Ele não precisa mais atender a esta demanda. Ele estrutura sozinho o domínio, responde por si: *a necessidade do jogo é o jogo*. O jogo do ator não é mais determinado pelo imaginário dos personagens. Ele roça neles, chama-os ou os ignora, depende: mas não lhes *obedece* mais. O sistema de Stanislávski não é mais o sistema do teatro – é no cinema que ele deixa suas marcas recentes[2]. Não que seus livros sejam inúteis: grandes livros de teatro, eles vão além do "sistema". Mas este não exprime mais, enquanto sistema, a necessidade de nosso teatro, nem a necessidade do teatro para nós. Tudo o que, nestes livros, diz respeito à *nossa* necessidade de teatro está ali, apesar do sistema e através dele. Nossa questão não é mais fazer viver, nem, portanto, viver papéis. Pode ser necessário fazê-los viver, mas para fazer viver o jogo. É o jogo que sustenta o papel, não mais o contrário. Se os personagens são dotados de uma necessidade, ela se dobra diante da necessidade do jogo, que a institui.

O que é, então, este jogo? Como o caracterizar? A questão é complexa e pede uma reflexão que não se limite ao teatro – mesmo se o teatro solicita, evidentemente, todo pensamento que tenta apanhar o jogo em sua rede[3]. Assinalemos, com prudência, algumas indicações.

O jogo que invade a cena é, em primeiro lugar, o jogo que *não se apaga* sob seus efeitos de figura. Aqui Brecht tem razão e sua crítica a Stanislávski leva mais longe do que o brechtismo e do que o próprio Stanislávski. Brechtianos ou não, os atores mostram, hoje, em primeiro lugar, que estão

---

2. Cf. Lee Strasberg, *Le travail à l'Actors Studio,* Gallimard, 1969.
3. Cf. E. Fink, *Le jeu comme symbole du monde*, Minuit, 1966; H.-G. Gadamer, *Vérité et méthode, op. cit.*, pp. 27-99; J. Derrida, *L'Ecriture et la différence*, Seuil, 1967, pp. 409-428; G. Deleuze, *Logique du sens*, Minuit, 1969, pp. 74-82. (Em português, dispomos de H.-G. Gadamer, *Verdade e Método, op. cit.*; J. Derrida, *A Escritura e a Diferença*, tradução de Maria Beatriz Marques Nizza da Silva, São Paulo, Perspectiva, 1971 e G. Deleuze, *A Lógica do Sentido*, tradução de Luiz Roberto Salina Fortes, São Paulo, Perspectiva, 4ª ed., 2000).

representando. Eles expõem a nudez de seu jogo, despido dos aparatos e véus do papel[4], e neste espaço de visibilidade des-coberta, deixam nascer os efeitos figurais de sua exibição. Claro, nenhum jogo de ator jamais conseguiu desaparecer totalmente por trás das imagens: mas o jogo *pretendeu* este apagar-se, e submeteu a isto suas marcas. O ator pôde acreditar, ou desejar, esquecer-se, eclipsar-se por trás de seu papel, entrar na pele do personagem, extrair a materialidade de seu gesto. Esta aspiração condicionou comportamentos cênicos, bem como interpretações espectadoras[5]. Uns e outros são agora remetidos para fora do jogo. Mas o que se exibe e se desnuda assim não é a pessoa do ator, sua identidade plena, seu ser de antes (ou de fora) da representação: é *seu jogo*. Se algo *dele próprio* (de sua pessoa, de sua identidade, de seu ser) aí se despe ou se revela, é *como jogo*.

O jogo dos atores *diante de nós* resulta, em segundo lugar, de um trabalho, de protocolos, de técnicas ou de inspirações que não obedecem mais ao imaginário do personagem. Suas questões essenciais não decorrem mais da exigência de ter que figurar um bom Tartufo ou uma Ysé convincente[*]. As escritas contemporâneas, em suas investidas mais vigorosas, se empenharam na des-construção do personagem e o estilhaçaram[6]. Muitas encenações recentes o maltrataram, mesmo em textos clássicos. E uma boa parte da inventividade cênica recente se desenvolveu fora ou à margem de sua força[7]. Mas o mais profundo não está aí: o programa que os atores cumprem,

---

4. Cf. Denis Guénoun "Le dénudement, Une invitation à la lecture de Talma", em *Les Temps Modernes*, n. 534, janvier 1991, p. 44 s.

5. "Esta representação deixa para trás tudo o que é acidental e não essencial, por exemplo, a maneira de ser particular, própria de um dado ator. O reconhecimento do que ele representa o faz desaparecer completamente." H. G. Gadamer, *op. cit.*, p. 41. (Em português: cf. *op. cit.*, pp. 192-193: "Uma tal representação deixa atrás de si tudo que seja casual e secundário, p. ex., o ser peculiar e especial do ator. Com relação ao conhecimento daquilo que ele representa, ele desaparece inteiramente.")

[*]. Ysé: protagonista feminina de *Le partage de midi*, de Claudel. (N. da T.)

6. Cf. R. Abirached, *La crise du personnage...*, *op. cit.*, cap. III e ss.

7. Estamos pensando, evidentemente, em Bob Wilson, Tadeusz Kantor e em seus inumeráveis efeitos.

então, no palco, não está mais relacionado, intimamente, com as exigências de confecção de identidades narrativas, mas com a efetivação de uma *lógica do jogo*. Vamos recordar algumas de suas características.

Trata-se, em primeiro lugar, de um certo rigor da *existência cênica*. Existência física: o primeiro requisito do jogo provém da apresentação do corpo. Não da representação pelo corpo de alguma coisa da qual o corpo seria a figuração, mas da exibição do próprio corpo. Ora, esta mostração pretende alcançar uma verdade que não é a da adequação a uma imagem, mas a da integridade de uma presença. Este estar-aí sobre o palco não tem nada de ordinário: aqui a espontaneidade se revela falsa. Submetida ao olhar, ao fato da exposição, a espontaneidade, em cena, se mostra falsa. Trata-se então de elaborar uma verdade física. Os métodos variam: procura da autocolocação de uma interioridade (que, diante do olhar, deve ser conquistada), ou, ao contrário, trabalho da exposição pela exposição, buscando sua eclosão como *ostentação no âmbito da verdade*. O horizonte é sempre o de uma *precisão*: do deslocamento, do gesto, do olho, da própria imobilidade. E esta exigência não é representativa, mas apresentativa. Ela persegue uma espécie de autonormatividade da apresentação. Compreende-se o recurso à dança, referência maior. Porque a dança aparece em cena como uma arte finalmente liberta do mimetismo. A dança já não se define mais a partir dos atributos de papéis, supondo-se que algum dia ela tenha realmente feito isto. Ela experimenta uma precisão cênica do movimento. Compreende-se também o tropismo da nudez que invadiu os palcos: o nu é a exposição extrema ao olhar, a verdade última do que é oferecido à visão, onde o corpo não pode se abrigar como gostaria, mas tem que querer e sustentar a soberania e a indigência simultâneas de seu estar-ali.

Este deslocamento da normatividade cênica em direção à seca apresentação, à precisão de um existir remetido a si mesmo e, contudo, oferecido ao olhar (ou ao ouvido), afeta todas as exigências da cena: a profundidade ou leveza da voz (mas que rejeita a voz encorpada, sempre plena, causa da dicção "redonda" dos cantores; a disponibilidade aos parceiros de cena; a aceitação dos imprevistos e, sobretudo: a graça, a não afetação, o ser jubiloso, digno, aberto, livremente tenso[8]. Mas o fato concerne, talvez ainda mais, à exibição das palavras. Porque o representado não é mais a verdade do texto. A verdade do texto teatral é desde então, intempestivamente, *poética*. E isto já há muito tempo: mas, hoje em dia, também ela se oferece nua. A invenção, a acuidade do jogo, não aufere sua legitimidade, no seu ponto mais alto, de uma identidade plausível de Berenice, de Tartufo, de Louis Laine[*]. Ela visa, antes de mais nada, "fazer ouvir" o maior alcance (alcançado do melhor modo) poético das palavras encadeadas. Claro, a poesia não está livre de efeitos de personalização. É verdade que se pode ver uma Berenice, uma Fedra. Mas elas serão vistas antes de mais nada porque são ouvidas. E este ouvir nascerá primeiro da exibição, em carne viva, da *constituição poética* de sua palavra, – e de suas aberturas visuais. Os grandes textos, mesmo contemporâneos, mesmo cômicos (Beckett, Vauthier, Bernhard) valem primeiro como poemas e é nas dobras desta efetividade poética que se aninham os devenires-pessoas: Hamm, o Personagem combatente, o Reformador do mundo[**]. Não se penetra em Beckett procurando saber quem é Hamm e querendo se identificar com ele. Mas também nenhuma Fedra

---

8. Encontramos, aliás, na obra de Stanislávski, farto material para esta elaboração: e este material foi aumentando à medida que o autor envelhecia – e se tornava nosso contemporâneo. A coletânea, imprudentemente batizada em francês como *A Construção do Personagem*, trata bem pouco do personagem e muito mais destes regimes de legitimidade interna do jogo do ator, das abordagens de um verdadeiro pensamento a partir de exigências frequentemente mais cênicas do que representativas. E isto talvez seja ainda mais verdadeiro a respeito do tardio, e mal conhecido, "método das ações físicas". Mas a ideologia que sustenta estas numerosas notações continua a ser a do personagem e o texto parece, em fim de contas, sempre a ela se submeter. Hoje em dia o material de Stanislávski pode, com certeza, ser retomado ignorando-se esta dependência. É este, num certo sentido, o alcance da continuação grotovskiana, mesmo se ela não se formula nestes termos. Cf. Thomas Richards, *op. cit.*, *passim*.

[*]. Berenice: personagem-título de tragédia de Racine; Tartufo: personagem de Molière; Louis Lane: personagem do jovem em *L'Echange*, de Claudel. (N. da T.)

[**]. Hamm, o Personagem combatente e o Reformador do mundo, personagens respectivamente, de Beckett, Vauthier e Bernhard. (N. da T.)

relevante pôde ser feita deste modo. Os atores voltam a ser rapsodos[9]. O trabalho deles é de fraseado, respiração, exibição dos recursos físicos de uma língua[10]. E a *impostação* poética do discurso é um modo de eleição do jogo deles, que se ocupa com rigores e liberdades prosódicas ou métricas, sintáticas ou trópicas, onomásticas mesmo, deixando escapar entre as tramas de um *estilo* os arroubos do sentimento ou do caráter. O jogo não mais se torna vassalo sob as identidades fictícias e o aparato de seu desvelamento. São identidades que valem como efeitos, ou pontos de passagem, do jogo.

Vamos parar um instante esta enumeração: pode-se objetar que os termos aqui empregados: *precisão* e, mais ainda, verdade, pressupõem a referência a um *representado*. E que é absurdo privar esta precisão das figuras imaginárias que a fundam. Pois bem: isto não é mais assim. O personagem e sua lógica imaginária não são mais os fiadores obrigatórios da precisão, nem da exatidão, *nem mesmo da verdade*. Se o personagem se reflete no trabalho (o que acontece, com frequência), isto ocorre, agora, prioritariamente como índice desta precisão, operador provisório, *instrumento de trabalho* – ou de medida – deixando-se atravessar por uma legitimidade que o ultrapassa, que é mais forte que tudo. A precisão aponta para uma relação do jogo consigo mesmo, cujo critério varia segundo as estéticas e os métodos, e que não convoca o personagem a não ser como ponto de passagem em seu caminho. A figura não diz mais a verdade do jogo. É o jogo que, desdobrado em sua liberdade ou submetido a suas próprias limitações, *joga com as figuras* em sua autoapresentação.

Volta-se assim, mas segundo um modo bem diferente daquele que a *Poética* preconizava, a uma prática, a uma definição da cena como lugar de *práxis*. E duplamente: primeiro, na medida em que o personagem (o caráter) perdeu novamente suas prerrogativas em benefício da ação, mas de uma ação entendida a partir de então como a do próprio jogo, cujo conceito Aristóteles ignorava – em sua aplicação

---

9. Este último conceito é um dos que norteiam a pesquisa de Jean-Pierre Sarrazac.
10. Cf. J.-Cl. Milner e F. Regnault, *Dire le vers*, Seuil, 1987.

aos atores¹¹. O caráter é destituído da função preeminente que tinha conquistado, depois de Aristóteles e contra ele, no sistema de identificação, onde a ação se tinha submetido à pessoa que agia e a seus traços subjetivos¹². O jogo será, portanto, o campo da ação teatral, o que não suprime o personagem (como o privilégio da ação também não eliminava os caracteres da *Poética*) mas o ordena segundo uma lógica diferente da lógica identificadora, que organizava sua dominância. Além do mais, o próprio de uma *práxis* é comportar sua finalidade em si mesma, não a expulsar para fora de si num produto¹³. O jogo é agora uma *práxis* na medida em que, mesmo que ele produza surtos de identificação (e produz, com certeza), mesmo que ele coloque em movimento *personificações imaginárias*, não são estas figurações que o instituem e o movem, mas sua autoexposição como existência em cena.

O jogo, diante de nós, joga com a ostentação concreta, prática, com jogadores concretos e práticos que aplicam a seus movimentos, sua voz, seu comportamento, seus membros, sua pele, seu olhar, a exigência de uma exibição íntegra. Íntegra significa: inteira (o jogo apreende tudo, capta tudo em cena) e, ao mesmo tempo, honesta: o jogo se procura como ética e técnica juntas. Os jogadores querem uma verdade colada à vida, uma verdade cenicamente viva que dê testemunho do que é propriamente vivo na vida, em qualquer vida. Eles podem aspirar a se desincumbir da tarefa segundo os códigos mais

---

11. Seria necessário, repetimos, analisar a emergência do termo e da noção. Se a palavra é empregada desde a Idade Média para designar uma representação (por exemplo, *o jogo de São Nicolau*), só a partir da época clássica, ela é aplicada, ao que parece, à atividade específica dos atores. Em todo caso, seu estatuto conceitual (que tira partido de sua polissemia progressivamente conquistada) só é elaborado no movimento do surgimento da estética: em Kant e Schiller em especial. Esta elaboração acompanha, por sua vez, a formação de seu uso moderno, por exemplo, no teatro.

12. Sobre o movimento desta reação, cf., por exemplo, J. Lenz, "Notes sur le théâtre", em *Théâtre*, L'Arche 1972, pp. 27-33 e 38 *sq*. (Em português: Lenz/Goethe, *Notas sobre o Teatro/Regras para Atores*, tradução de Fátima Saadi, Rio de Janeiro, 7Letras, no prelo).

13. Cf. Aristóteles, *Métaphysique*, Θ, 6, 1048 b 18-35 (Em português: ver a tradução de Vincenzo Cocco para a coleção Pensadores, São Paulo, Abril Cultural, 1973).

diversos: autenticidade, corporeidade, veracidade, sobriedade, vitalidade, rigor, lógica etc. Mas todos procuram uma precisão do jogo referido a si mesmo, *ou a pressuposições não representativas*: ética do jogo, espiritualidade do jogo, materialismo do jogo, pressuposições que são todas tentativas de formar um pensamento do advindo. O pensamento deste advento está diante de nós. Ele se indica, se esboça – mas não está disponível.

Se não se representa mais *para* apresentar a um público figuras imaginárias, pessoas fictícias que o autor concebeu, se não somos mais levados, chamados, pela necessidade de nos identificarmos com elas, pode-se deduzir a consequência, na medida em que a constatamos: atualmente ninguém é ator por desejo de ser Rodrigo, Berenice ou Fausto. Alguém se torna ator, fundamentalmente, por desejo de ser ator. Não são mais as ficções que atraem, nem o ofício de ator enquanto propiciador desta aproximação. É o ofício de ator em si que agora mobiliza o desejo. E as figuras dos papéis se tornam formas de seu exercício. É possível que a atração da cena tenha sido condicionada, em tempos passados, pelo desejo de assumir os atributos do heroísmo, ou da nobreza, da coragem guerreira ou do amor-paixão[14]. É possível que se tenha sido levado à profissão de ator pela pulsão de se ornamentar com estes sonhos, com estes "figurinos" e viver imaginariamente as biografias dos Grandes ou dos Tipos. Hoje, quem quer ser ator quer viver *a vida de ator*, mais que tudo. Os papéis são os meios ou os veículos desta aspiração. É a vida do ator, e não mais a do herói, que nos agarra e nos arrasta, como substituição (suspensão, realce) de nossa própria vida. O que nós queremos é o seu *existir*.

Devemos concluir então que o jogo do ator perdeu seu sentido, tornou-se pura atividade lúdica, gratuita e fechada? Seria ignorar a singularidade do que acontece. É verdade que *na época da identificação*, hoje ultrapassada (no teatro), o personagem e sua identidade imaginária puderam funcionar

---

14. Cf. Jean Duvignaud, *L'acteur*, 1965, reedição Ecriture, 1993, pp. 71-72. (Em português: *Sociologia do Comediante*, tradução de Hesíodo Facó, Rio de Janeiro, Zahar Editores, 1972).

como instância que assegurava *o sentido do jogo*. Pôde--se mesmo acreditar que o sentido do jogo de um ator era seu papel (seu personagem). Mas isto acabou. Hoje, com a deserção do imaginário teatral, para fora do teatro, com sua migração para o universo das imagens (sua captação pelo cinema e seus derivados), o sentido do jogo se viu devolvido ao espaço do próprio jogo. Hoje, *o sentido do jogo é o jogo*. Não nos apressemos em deduzir que o jogo não tem sentido algum: sob o pretexto de que o sentido de um ente qualquer se desdobra fora de sua mesmidade em relação a si mesmo, fora de seu fechamento identitário, e que, portanto, a perda do exterior atestaria o esgotamento do sentido. A perda do exterior imaginário não é a perda de todo o exterior, talvez seja exatamente o contrário, na medida em que a exterioridade imaginária é um exterior de ficção: irreal, não efetivo. O jogo talvez seja este afastamento de qualquer conduta em relação a si mesma, que a abre para sua exterioridade íntima, para sua não identidade consigo mesma, para sua *différance*[*] como *sentido*[15]. Mas o sentido do jogo é um sentido imanente, um sentido da imanência que dispensa, por *default*, a exterioridade transcendente do imaginário para reconduzir o sentido para o âmbito da existência, o estar-aí, aí-diante, do ator: em sua prática.

Nem a constituição do olhar nem a da cena saem ilesas desta transmutação. Desde que os heróis se refugiaram nas imagens, *não se vai mais ao teatro para desfrutar de personagens ou de situações*. O que não acarreta que a pessoa se queixe quando isto acontece: podem ser suplementos benvindos. Mas é para o cinema, não para o teatro, que nos leva a procura de gratificações situacionais, dramáticas, identificatórias[16]. Ninguém

---

[*]. Conceito de Derrida que joga com a palavra *différence* e propõe uma nuance em relação a ela. (N. da T.)

15. Cf. Jean-Luc Nancy, *Le sens du monde*, Galilée, 1993, pp. 25-30 e 89-98.

16. Recorro novamente a uma experiência. Faz mais de vinte anos venho tendo a oportunidade de manter contato com o público (de todos os tipos, especializado ou inculto, velho ou novo, próximo ou distante), em praticamente todas as situações teatrais imagináveis: como ator (na companhia L'Attroupement, tínhamos o hábito de conversar com o público depois de

vai mais ao teatro na esperança de ali se deixar envolver, enfeitiçar, iludir pelos prestígios oníricos ou fantasmáticos de uma narrativa ou de uma figura. Os espectadores que buscam histórias entram num cinema ou ligam o videocassete. Abrem livros, com ou sem ilustrações. Talvez, em outros tempos, o teatro tenha respondido a esta função, é difícil saber ao certo: destas épocas conhecemos a ideologia mas muito mal a efetividade. Hoje ninguém se instala mais numa poltrona para saber o que será feito de Agripina, nem para acompanhar, de novo, as já conhecidas desventuras de Édipo nem de Clov* – por elas mesmas, na autonomia de sua ficção. Vai-se ao teatro para *ver um espetáculo*, de acordo com a expressão hoje em dia familiar. O que isto quer dizer? Precisamente o seguinte: que a pessoa vai ao teatro com a intenção de que ali lhe apresentem uma *operação de teatralização*. O que se quer é ver o *tornar-se-teatro* de uma ação, de uma história, de um papel. Os espectadores de teatro, a fórmula é talvez menos boba do que parece, *vão ao teatro para ver teatro*. Poderíamos mesmo dizer: para ali ver *o teatro*, a incidência, o advento do acontecimento singular do teatro, naquele lugar e naquela hora. Isto é: aquilo mesmo que acontece em cena enquanto cena: as práticas da cena enquanto práticas. Ver *como fazem* aqueles que ali se apresentam[17].

---

todas as apresentações, em geral fora da sala de espetáculos e de sua organização ritualizada; raramente fazíamos "debates", em geral tomávamos algo, conversando de maneira informal, os atores misturados ao público), ou como encenador, diretor de teatro; em associações, clubes, ruas; salas de aula, subúrbios, vilarejos; empresas, espaços médicos, presídios; depois como professor diante de jovens distraídos ou apaixonados. Não me lembro de ter encontrado um único espectador que fosse ao teatro na expectativa de uma história e de seus benefícios imaginários. Talvez as crianças, mas nem a respeito delas seria possível afirmar isto com certeza: as crianças crescem (cada vez mais) depressa. Sobre a companhia L'Attroupement, cf. Denis Guénoun, *Relation, op. cit.*, cap. II.

*. Clov: personagem de *Fim de Jogo*, de Beckett. (N. da T.)

17. Na companhia L'Attroupement, tínhamos grande curiosidade a respeito das motivações dos espectadores: ficávamos sempre um pouco espantados com o fato de que eles tivessem escolhido ir até lá. Na noite da apresentação que fizemos em Tomblaine, na periferia de Nancy, em pleno inverno de 1978, com muita neve, no bairro operário e bem longe das agitações culturais – ou talvez tenha sido em Meylan, na região de Isère –, decidimos perguntar

É por isto que a representação dos clássicos faz tanto sucesso. É estúpido e desdenhoso atribuir o sucesso dos clássicos ao conformismo do público, à sua vontade de rever o já visto. É, normalmente, o inverso: a pessoa vai ver um clássico para descobrir o que diferencia aquela apresentação das outras que ela já viu. Ora, o que a diferencia é o modo determinado de sua teatralização. Só se vai ver o que já se conhece para desfrutar do *como* de sua nova apresentação – de sua *différance*. Nisto, os clássicos permitem que se exerça um olhar propriamente teatral, que se olhe exatamente aquilo que é o teatro, a direção da demonstração em cena. Porque supõe-se que conhecemos o texto, a história, os papéis: o que é dado a ver é então exatamente o ato de sua apresentação, a teatralidade em si – a vinda do texto à cena, em sua transferência como que exposta, posta a nu. Neste sentido, ir *ver um espetáculo* é bem diferente do que era ir *ver uma peça*: ver uma peça era seguir uma história, situações e personagens em conflito. Ver um espetáculo é ver a teatralidade em sua operação própria: a operacionalização, o verter (a *versão*) no teatro, o gesto de levar para a cena uma realidade não cênica, poema ou narrativa. Ir ver um espetáculo é exatamente ir ao encontro de uma encenação, de uma colocação no palco, de uma operação de exibição enquanto exibição, autônoma e singular em relação às entidades imaginárias cuja existência, até então reservada, ela materializa[18]. Operação que é um modo do que aqui se tenta definir como *jogo*.

Isto significa dizer que o olhar exclui de seu campo as novas escritas? A tentativa de compreender o que há de positivo no gosto dos clássicos nega à invenção verbal qualquer capacidade de levar a gozos inéditos? Somos o arauto de um teatro sem poetas, sem dramaturgos surpreendentes? De modo

cordialmente, na entrada, a *todos* os espectadores o que os tinha motivado a vir. Não foi muito complicado, não eram mesmo muitos os espectadores. O espetáculo se intitulava *La chanson de Roland*. Acho que tão cedo não vou esquecer o rapaz, bem jovem, se não me falha a memória, que respondeu à minha pergunta: "vim para ver como 'eles' fazem para mostrar Roland que toca o olifante *e como o sangue escorre das veias do pescoço dele de tão alto que ele toca*". Vejo nesta resposta o esquema exato da expectativa do prazer teatral: venho para ver o jeito de fazer, o modo de teatralização – a prática.

18. Cf. Denis Guénoun, *l'Exhibition des mots, op. cit.*, cap. II.

algum. Mas, para responder a este olhar, a escrita deve levar em conta a mudança que a instaura: ela deve ser produzida como escrita do jogo. Não mais dos papéis e situações. Não se pretende (talvez isto já tenha sido compreendido de tanto eu bater na mesma tecla a cada página) que a escrita tenha que necessariamente se privar de situações, personagens, dramaticidade. Mas não podem ser a dramaticidade, as situações, os personagens a validá-la. Há décadas isto já deveria ser uma evidência. Porque, em fim de contas, o mais notável em matéria de escrita no último século não pode, de forma alguma, ser compreendido nem descrito apenas a partir dos cânones do drama[19]. O que vale em Beckett, Bernhard – ou outros autores mais recentes – não pode ser analisado no registro fechado dos actantes e das peripécias. Não é contudo inútil repetir, de tal modo a musiquinha da restauração, tanto aqui como em outros lugares, sussurra que, no fundo, bastaria escrever *boas peças, bem-feitas*, para encher de satisfação *o* público hoje perplexo. A cantilena é velha. Sua versão recente durará o que duram os mini-Termidors estéticos[*]: o suficiente para causar alguns *frissons* aos minitermidorianos que frequentam coquetéis. A escrita deve se oferecer como *escrita do jogo*, pelo fato de hoje o jogo ocupar todo o palco. Não vamos procurar aqui distinguir tal ou qual sinal precursor, cada um o descobrirá segundo seus próprios gostos. Mas a escrita do jogo significa: partitura apta a suspender a *práxis* do jogo, remetendo-a à sua legitimidade própria e ao prazer, ao deleite que lhe pertencem desde então. Como? Seria necessário, para responder, expor todo o programa de uma reforma do drama, o que não é o objetivo destas páginas. Vamos nos contentar em sugerir que, na nossa opinião, a escrita é convocada a ter uma série de respeitos que são também audácias: respeito por si, primeiro, e por sua própria constituição *como poética*. O

---

19. Cf. Szondi, *Théorie du drame moderne*, L'Age d'homme, 1983, *passim*. (Em português: *Teoria do Drama Moderno (1880-1950)*. Tradução de Luiz Sérgio Repa. São Paulo: Cosac & Naify, 2001).

*. Termidor: referência à coalizão que, a 27 de julho de 1794, derrubou Robespierre, executado no dia seguinte. Com isto, os termidorianos puseram fim à fase da Revolução Francesa que ficou conhecida como o período do Terror. (N da T.)

escrito deve assumir o risco, ou a coragem da poesia[20]. Coragem não é necessariamente gravidade – a poesia sabe ser viva ou brincalhona. Em seguida, respeito pelo tempo: o que equivale, sem dúvida, a incorrer no perigo do pensamento. Pensamento não é discurso, nem ênfase: o pensamento mais denso corre bem próximo das coisas, na própria pele da existência. Mas pensa: não evita o que o intima a prestar contas de seu tempo. Respeito pelo jogo – o que supõe talvez (mas aí está o risco extremo) alguma coisa como a alegria. "Nós podemos dizer a respeito de qualquer jogo que ele é [...] uma maneira alada de viver a vida"[21]. Entende quem quer.

É fácil descrever o modo deste olhar, a propósito de todos os componentes da representação: cenários, figurinos, luzes, música, encenação. Diante dele, cada um destes elementos opera como *passagem* – aparentemente como qualquer elemento representativo, que, sem cessar, reconduz, faz viajar o olho entre o objeto material e a figura sugerida. Mas tudo se passa como se o sentido desta passagem estivesse invertido: não são mais os signos cenográficos que remetem a um significado de ficção e se escondem sob ele – é a própria ficção que esmaece diante do estar-lá das coisas no palco e dirige o olhar em direção ao que, destas coisas, marca o modo propriamente prático da demonstração. Que os usos brechtianos tenham envelhecido não muda nada: simplesmente não é *mais possível* usar em cena uma palidez ou um reflexo, um contraluz ou uma janela sem deixar ver algo do *jogo* deles: a não ser que se ceda aos avatares técnicos do *kitsch,* do cromo. Lição sem fim da arte moderna: a confissão do gesto de mostrar. E é isto que o olho olha: não mais o *efeito* de ilusão, mas a sobriedade lúdica e operatória de sua vinda. A iluminação não mais se confunde com a ilusão matinal ou crepuscular: é a ilusão que acena para o ato, ou a arte de iluminar a cena – a seta representativa se inverteu. A lâmpada de *Edison*[22] (e seu entorno

---

20. Cf. Philippe Lacoue-Labarthe, "Le courage de la poésie", Les conférences du Perroquet, n. 39, juin 1993. (No Brasil, este texto, com tradução de Fátima Saadi, integra *A Imitação dos Modernos, op. cit.*).
21. E. Fink. *Le jeu comme symbole du monde, op. cit.*, p. 79.
22. Encenação de Robert Wilson.

sutil) equivale ao intenso rubor de *Bérénice*[23]: as invenções cenográficas marcam menos por sua capacidade de *fazer bonito* (*kitsch* mesmo) do que pelo rigor sereno e confessado de seu jogo. Basta mencionar a que ponto é *insuportável* qualquer encharcamento de acompanhamento musical, de estetização sonora, que não joga com a existência cênica concreta, com a proveniência material do som: não há o que discutir.

Mas isto é ainda mais verdadeiro no tocante aos atores. Com o sumiço das figuras, resta o jogo. Se o teatro não seduz mais por seus fantasmas, *exige-se atores*. Não ficções servidas pelos atores, mas atores induzindo (se necessário) ficções. A diferença é grande. O que o olhar perscruta, hoje, em cena, não é mais a imagem do papel: é o modo como o ator se comporta. Poderíamos dizer que o olhar está desencantado, despossuído de suas quimeras ou alienações figurais, se o termo desencanto não soasse, em francês pelo menos, com um tom desiludido, próximo do amargor. Ora, este apagamento é fonte de novas delícias: a vista se engaja em outras valências do prazer. Prazer de ver o ator fazer o que ele faz: maquinar ilusões, se necessário, mas, sobretudo, viver em cena segundo uma nova precisão, um novo regime da verdade. A verdade que o espectador persegue não é mais a verdade do papel, mas a verdade do jogo. E é esta verdade que provoca nele simpatia, empatia, compaixão. Devemos então pensar que um espectador, hoje em dia, não se identifica mais com o personagem, mas com o ator? O. Mannoni escreve a este respeito:

> Isto nos lembra que o ator jamais desaparece atrás do personagem; que não deve visar a isso; [...] *numa palavra: que se vai ao teatro para ver representar*, e que nos espectadores há identificação com um ator enquanto ator ao mesmo tempo que com o personagem, numa combinação original que é própria do teatro, o que não se encontra nos outros tipos de espetáculo[24].

Uma tal abordagem diverge da que é proposta aqui: onde Mannoni vê uma espécie de estrutura permanente da teatralidade, de aparência um pouco intemporal, preferimos descobrir

---

23. Cenário de G. Aillaud para a encenação de K. M. Grüber.
24. *Op. cit.*, p. 305. Grifo meu. (Em português: *op. cit.*, p. 319).

um equilíbrio instável entre tendências históricas inversas, *o recuo do personagem* e *a emergência do ator*, tendências cujas evoluções opostas continuaram a se processar depois que o texto aqui citado foi escrito[25], desequilibrando um pouco mais a configuração atual em detrimento do imaginário do papel. Aprovamos certamente Mannoni quando afirma que *se vai ao teatro para ver o jogo*, mas sem concordar com seu modo de pensar os efeitos deste olhar sob a perspectiva da identificação. Não é certo, efetivamente, que uma identificação possa se fixar sobre um ator de teatro como sobre um personagem. A identificação elege uma imagem, que ela constitui como identidade. É por isto que ela se prende aos atores de cinema: à relativa in-diferença que os une ao papel e ao imaginário de sua *identidade de star**. Enquanto que, no teatro, não é a identidade suposta do ator que atrai o olho, mas *sua ação*: o conjunto de comportamentos práticos no palco e seus efeitos. E a pessoa não se identifica com a ação. Pode-se *desejar imitá-la*: é outra coisa, nem toda imitação é identificadora. Deseja-se imitar o ator, fazer o que ele faz, viver o que ele vive – não o papel mas o jogo. Um espectador de teatro, longe do que Brecht podia, ou acreditava, observar ainda, não sai do teatro com o desejo de fazer o que o herói faz: mas pode sair dali com o vivo desejo de fazer o que o ator faz. E este desejo é desejo de uma vida: vida em cena, e assim que afrouxam um pouquinho as rédeas que o seguram, pronto, vida de teatro, vida para e pelo teatro.

É neste sentido que praticamente não há mais lugar, nos procedimentos do *nosso* teatro, para a instância *do* espectador. Também ele se eclipsou, com os personagens, seus comparsas, que só estavam lá para ampará-lo. O sujeito transcendental da visão, isto já foi dito, encontrou seu lugar adequado no "aparelho de base"[26] do cinema, constituído a partir do dispositivo imaginário realizado pelo olho da câmera. O que resta na plateia do teatro, ao menos no momento em que as representações acontecem? Algum *público*. Teremos que nos

---

25. 1964.
*. Em inglês, no original. (N. da T.)
26. Cf. J.-L. Baudry, em *Communications, op. cit.*, p. 58.

policiar e não dizer *o público*, fórmula na qual se condensam outros desconhecimentos que devaneiam e na qual se esconde uma outra ideologia. Algum público: espectadores, gente. A assembleia teatral é devolvida à sua multiplicidade. Mas esta multiplicidade não é a multiplicidade, orgânica, da *assembleia*, segundo a ideia, que nos persegue da *ecclesia** ateniense. Algum público forma uma assembleia incerta, aleatória. Mas nada fortuita nos procedimentos, nas regras firmemente estabelecidas de sua convocação, que a instituem por seleção e exclusão: algum público não é, com certeza, todo o mundo nem qualquer um[27]. Algum público corresponde, em primeiro lugar, sempre aos mesmos, escolhidos de fato por critérios de classe, culturais e linguísticos (novamente de classe), e geográficos (sempre de classe, essencialmente). Não os mais ricos nem os mais educados, mas alguns e não outros. Cada um sabe ou pode ver isto. Mas esta reunião, que podemos ainda chamar assembleia, por precaução e enquanto esperamos por um conceito mais exato, não é, com certeza, constituída como se imagina que tenham sido as reuniões orgânicas do século de Péricles ou de Luís XIV – democráticas ou de corte. Nossas assembleias são frouxas: nenhum esquema de identificação coletiva potente as sustém. Elas são acometidas por uma espécie de incerteza que remete os espectadores a uma posição flutuante, sem dúvida mais singular. A plateia do teatro não é mais, absolutamente, uma multidão. É antes uma aglomeração, onde cada um vive sua posição como sendo instável, suspensa, sempre na iminência de recuo ou deserção. Um espectador de teatro, assim que chega, já está potencialmente de partida.

---

*. Reunião do povo inteiro para debater questões públicas, a *ecclesia* não tinha uma localização fixa, mas, em Atenas, era comum que estes encontros se realizassem num lugar chamado Pnix, uma grande pedra que dominava uma colina e que era capaz de comportar parte considerável dos cidadãos. Além de deliberar a respeito dos problemas da comunidade, a *ecclesia* escolhia os magistrados eletivos, que dividiam as funções executivas com os magistrados sorteados, sendo que todos eles eram responsáveis por seus atos perante a *ecclesia*, podendo ser julgados por ela em caso de falta grave. Em latim, o termo adquiriu também o significado de igreja, ajuntamento dos primeiros cristãos para celebrarem o culto, além de manter o significado genérico de reunião. (N. da T.)

27. Cf. Denis Guénoun, *Lettre au directeur du théâtre, op. cit.*, pp. 52-77.

Ele *está ali* só por esta vez, para experimentar, mesmo que a experiência se repita. Ele não reconhece nenhuma essência de si num *estar-ali*. É por isto que as assinaturas anuais para o teatro, em crise, nunca satisfazem às expectativas: elas só parecem ir de vento em popa aqui e ali por contraste com o desinteresse geral. O teatro não conhece nem *aficionados* nem *supporters**, nem amantes como os da ópera. *O* espectador sumiu: em seu lugar, alguns poucos fanáticos, que são louvados, e muitos outros, públicos migrantes, de fidelidade ambígua e entusiasmos volúveis. Isto não deve ser lamentado como um mal, conjurado com a ajuda de números mágicos ou com a incitação a um patriotismo de araque. Esta é *nossa* situação, *nosso* problema, *nosso* teatro. É preciso, em primeiro lugar, olhar para ele. Como se olha aquilo que se ama (se é que se ama). Para agir (se é que se quer agir).

Esta é nossa situação, nosso momento nesta história. Estamos precisamente neste ponto. E agora devemos abordar a questão que nos mobilizou: porque, se subsiste ou emerge hoje em dia uma necessidade qualquer do teatro, se ele não é apenas um resquício, ruína de uma arte do passado, esta necessidade deve ser estabelecida, pensada (e acionados os comportamentos adequados) a partir disto. E não a partir de uma ficção, invocada à força para conjurar a perda do que já desapareceu.

De início gostaríamos de afastar uma hipótese que poderia parecer decorrer das análises precedentes. É a que, escorando-se no fato de que a representação se processa hoje, essencialmente, fora do teatro, com seu cortejo de figurações poderosas e de identificações maciças que a ela aderem, deduziria então que a tarefa do teatro, relegado às margens deste sistema, seria apoiar-se em sua marginalidade para fundamentar a necessidade de sua arte. Esta hipótese tem duas versões: uma, lamentável, que consiste em fazer do teatro uma *arte de resistência* à dominação das imagens. Digna de pena porque é uma resistência de opereta: nestes últimos tempos, *resiste-se* nos coquetéis de estreia, uma taça de champanhe na mão, para se consolar da falta de centralidade do teatro,

---

*. Em espanhol e em inglês no original. (N. da T.)

pensamento generalizado no qual se disfarça o despeito por ser mantido nos confins de uma notoriedade cujo centro se desejaria ocupar. A nobre palavra "resistência" vale mais do que estes pequenos ressentimentos. A outra versão é mais digna: ela pensa a necessidade do teatro como urgência da *crítica* às representações dominantes. O teatro encontraria em sua nova posição, abandonado como está pelas identificações mais amplas, a capacidade de desmistificar os códigos hegemônicos, isto é, para falar claro: o cinema e seus derivados. Esta segunda formulação também não nos satisfaz: vamos confessar, nós amamos o teatro mais do que isto. Ficaríamos tristes de só descobrirmos para o teatro, como única virtude, a *crítica do cinema* (ou, se quisermos uma expressão mais enfática, a crítica das Imagens, das Telas), cachorrinho raivoso ocupado em morder ou ganir nas canelas do grande imaginário triunfante. A tarefa pode ser saudável, mas não se constitui numa necessidade, no sentido vital que desejávamos para esta palavra: desempenha, no máximo, um papel secundário. Queremos muito mais e coisa bem melhor para o teatro: uma vocação que seja sua, que proceda de uma legitimidade sem fissura e nos conduza a este mundo que terá que ser refeito, para fundamentar a irredutibilidade de sua inteligência e de seus prazeres.

Qual pode ser então sua necessidade? Do ponto de vista da cena, ela se mostra como necessidade prática do jogo. Há teatro por necessidade dos homens de jogar. Ora, nosso mundo conhece, como outros mundos antes dele, um número quase infinito de jogos: dignos ou vis, jogos físicos, de cartas ou de signos, de piões ou de peças, de papéis ou de dinheiro. O que torna necessário este jogo entre outros? A singularidade de seu campo e de suas regras. O teatro, hoje, está desnudado, consiste no jogo da apresentação da existência em sua precisão e em sua verdade. Suas regras são em número finito, mas uma delas prescreve todas as outras: aquela que exige que esta apresentação encontre sua fonte e sua origem íntima no confronto entre a existência e a poesia. O teatro é o jogo deste existir que oferece ao olhar o lançar de um poema. Só o teatro faz isto: só ele lança o poema para diante de nossos olhos, e só ele lança e entrega a integridade de uma existência.

Comandadas por este lançar, que vem dos extremos poéticos da língua, a nudez, a precisão e a verdade fazem do teatro uma necessidade – absoluta.

Ora, este jogo singular requer uma comunidade de pessoas que olhem. Porque sua singularidade como jogo é ser o jogo da mostração, da exibição, da apresentação, do fazer-ver e do fazer-ouvir, jogo da visão e da ostentação, *Schau-Spiel**, cujo modo de efetuação requer um olhar compartilhado, coletivo. A exposição teatral da existência não é a exibição íntima diante de um observador solitário. Porque seu princípio é poético, e não figural. Claro, a poesia pode ser lida na solidão. *Mas não ser vista*. As figuras podem ser contempladas no silêncio, no recolhimento. Mas a aventura de uma existência brincada, jogada, entregue ao olhar sob a batuta do poema, compromete uma assembleia ou, ao menos, um compartilhar, atual, efetivamente comum. É, sem dúvida, um pouco misterioso e a perseverança do teatro, sua estranha insistência, faz deste enigma, imperiosamente, uma tarefa para o pensamento. *A existência se entrega à visão comum*: sem dúvida, para além da evidência do fato, é isto o que, por muito tempo ainda, será, sem dúvida, necessário pensar.

Mas, por este motivo, o jogo de teatro não pode se instituir em comunidade apenas a partir dos jogadores: isto o diferencia de alguns outros jogos. Uma criança que brinca de cavaleiro, que brinca de guerra (como eu brincava), ou de papai e mamãe, pode brincar sozinha ou só com um parceiro. Uma criança que brinca de teatro (como eu também brincava) brinca de ator enquanto que outras, várias outras, brincam de olhar. A necessidade do *teatro que se faz* é necessidade de jogadores, mas convoca companheiros de jogo para *fazerem os espectadores*. Assim, do lado da plateia, também são necessários jogadores que ofereçam ao jogo dos outros a benevolência de seu olhar. Por quê? De que brincam as pessoas, umas ao lado das outras, ruidosamente ou em silêncio? Qual é o jogo delas? Elas não encontram mais ali o prazer cognitivo do olhar teórico: ele

---

*. Em alemão, *Schauspiel* significa espetáculo. Literalmente, jogo (*Spiel*) de ver, olhar, contemplar, mirar (*schauen*). (N. da T.)

se transferiu para outros lugares. O teatro não é mais um instrumento de conhecimento, seu prazer não é mais o prazer de uma aprendizagem. As pessoas também não satisfazem mais no teatro as solicitações da imaginação que reconhece, que identifica: jogo de captações figurais, que opera hoje no cinema ou nos luminosos reflexos das telas. E então? O que as leva ao olhar? E, mais do que isto: qual é o móvel de sua estranha disposição amigável? Por que, diante desta existência entregue a seus olhos, os espectadores não sentem nem manifestam a crueldade ávida das multidões que se rejubilam com o sangue dos gladiadores ou o assassinato público dos touros? Eis a hipótese: uma existência entregue à exposição total se entrega e se liberta diante de *quem quer entregar e libertar a própria existência**. O olhar sobre a nudez, de algum modo ética, do ator participa de um existir em potência de exibição. *E não se trata de mimetismo*: mas de simpatia – de coexistência, de contaminação do existir em seu entregar-se, na necessidade de sua liberação. É seu treinamento específico que faz do existir uma embreagem, um movimento, um (pro)jetar-se *comuns*. Trata-se de partilhar o jogo. Os jogadores, sentados no chão, pernas cruzadas, diante dos parceiros que se expõem, oferecem seu olhar amistoso, *enquanto esperam a sua vez*. É o princípio de sua benevolência e da acuidade de sua visão. Nova democracia do jogo: porque aquele que goza com o espetáculo do sangue, da humilhação ou do assassinato na arena goza o fato de que o sofrimento lhe é poupado. Enquanto que aquele que olha o jogo de teatro quer intimamente entregar e libertar sua existência tanto quanto aquela cuja integridade se coloca a nu diante dele. A necessidade do olhar teatral é uma necessidade jogadora, que acompanha o jogo dos jogadores em posição virtual de jogar também. Depois do jogo, antes do jogo, à espera de ou chamado a um jogo que talvez não venha jamais, mas que se coloca no horizonte da visão. A necessidade

---

*. Em francês: "une existence livrée à l'exposition intègre se (dé)livre à *qui veut (dé)livrer a sienne*." Há aqui um jogo de palavras entre *livrer* (entregar) e *délivrer* (libertar) difícil de manter em português. Optamos por conservar o sentido e por isto utilizamos simultaneamente os dois verbos nas duas orações. (N. da T.)

do olhar teatral é, tanto quanto a do fazer, necessidade de jogo, necessidade do jogo. Os outros (espectadores teóricos, espectadores narcísicos) são os resquícios de tempos que se distanciam. Hoje, são só os jogadores que olham, eles, que desejam o jogo. O olhar sobre o jogo, por não ser nem olhar cognitivo nem investimento imaginário nas formas exatas do objeto, se articula aos jogos possíveis que cada um ativa para si. O olhar ativo, olhar de nossa atualidade, é um olhar (de/des) jogador*. Jogador em potencial, em potência de jogo, que olha o outro que joga para trocar ficticiamente suas condutas com as dele, esperando realmente cruzá-las. É a atividade deste olhar, seu saber próprio, sua minúcia experiente: olhar daqueles que avaliam e medem, pesam e pensam, por comparação entre o que veem e o que querem, desejam, projetam de sua própria potência lúdica. De seu próprio desejo de uma existência exposta: liberta e entregue. Quem viu crianças (ou nem tão crianças assim), prontas para saltar para dentro da cena, examinarem o palco e suas práticas enquanto esperam a hora do salto, vislumbra o que queremos apontar aqui. O olhar de espectador mais poderoso, mais afirmativo, mais alerta é o do jogador que se prepara para assumir o lugar daquele que ele está vendo, para aproximar-se dele no e pelo jogo, e a jogar nele sua ex-sistência. Esta é a convicção que anima estas páginas: não há em nosso tempo, em nosso mundo, espectadores de teatro que não sejam jogadores em potencial. Miríades de olhos são habitados por este olhar: milhões de viventes em desejo de jogo, e para quem o jogo mostrado em cena pode oferecer a paixão de um contágio prático. Milhões de jogadores que demandam uma teatralidade íntegra, lúdica, nua, companheira fraterna do desejo de jogo, assim como qualquer prática em potencial é boa companhia para o ato diante dela exposto.

Ora, os que olham não vão ao teatro. Porque o teatro é regido e pensado segundo pressupostos e ritos que são os da época da representação. Ou então vão muito pouco: ali não há lugar para eles, mas para outros – que, aliás, não vão mais ao teatro porque encontram no cinema (e em suas margens)

---

*. Em francês, *regard (de)joueur*, que permite uma dupla leitura: olhar de jogador e olhar que desmancha, desarticula (*regard déjoueur*). (N. da T.)

figuras mais gratificantes. Podem até ser os mesmos, com certeza, mas levados por outros chamados. É por isto que os teatros se esvaziam, enquanto um imenso *desejo de teatro*, aberto, pateia, impacientemente, às suas portas.

O teatro quer ser repensado, relançado, retomado. Não podemos nos satisfazer com sua letargia, nem aceitar sua extinção. Cada qual pode inventar os meios desta recuperação, que são incontáveis. Vamos aqui nos contentar em sugerir um, que exprime o exíguo campo onde se concentra a atenção que presidiu as observações que vocês acabaram de ler. Visto desta perspectiva, o teatro aparece como monstruosamente ignorante do desejo vital, da necessidade de teatro que corre à sua volta sem transpor suas portas, e que é apenas o nome mais ou menos adequado da necessidade de expor a existência – toda e qualquer existência, toda e qualquer vida – correndo o risco da apresentação, diante de um olhar comum, compartilhado. Frustrada, esta necessidade pode se entregar a exibições menos dignas. Aceita, entendida, acolhida, ela exige do teatro sua autossubversão.

Ora, essa abertura se choca contra dois preconceitos simétricos. O primeiro desqualifica o desejo de jogo em nome de sua aridez, pretensamente pré-teatral, ligada ao divertimento de massa, e que merece um pouquinho mais de consideração do que as partidas de cartas que as pessoas *jogam em casa depois do jantar. A Arte é apenas pretexto: este desejo de jogo não participa da Arte, mas dos passatempos de salão. Modo de ignorar a força de uma pulsão para a teatralidade, lúdica ou séria, que, sem dúvida, animou todos os supostos artistas em sua infância e adolescência, às vezes até mais tarde. Negação que permite também reivindicar para si mesmo a virtude da profissionalidade* recusando-a a outras pessoas. Não pretendo, evidentemente, recusar a profissionalidade. O teatro precisa muitíssimo dela, ela deve ser respeitada dentro das mais estritas exigências técnicas e artísticas. Mas a profissionalidade secreta sua ideologia: que atribui uma essência ao "ser ator", (ao ser encenador, cenógrafo, músico, figurinista, iluminador), o opõe ao não--ser-ator e permite dizer: eu sou profissional. Por conta disto, o ator que tem a sorte (ou o talento) necessário para trabalhar o ano todo se acha (naquele ano) mais essencialmente ator do que aquele que trabalha de forma intermitente, que espera, vivendo do seguro-desemprego. O primeiro reivindica intransigentemente sua profissionalidade, desdenhando do outro, semiprofissional, que emprega seu tempo de não atuação trabalhando como garçom num bar. E também se sente mais ator do que aquele que se resignou a só viver o teatro em seus momentos de lazer. Assim, a profissionalidade acaba por designar o que se tem, ou se pretende ter, e que falta ao intruso que aspira a ter a mesma coisa; a profissionalidade subsume sob este ter o ser que a pessoa conserva para si e que o outro não é (porque não o tem). Enquanto que a corrente evidentemente deve ser olhada no sentido inverso: a profissionalidade deve ser pensada como um processo, sempre em movimento, que, por patamares sempre instáveis, conduz do desejo de teatro mais infantil aos degraus da profissão. Ou o contrário: é bem imprudente aquele que se acha profissional para a vida toda. É preciso repensar (refazer) o teatro articulando todas as suas formas,*

---

*. Em francês, *professionnalité*, neologismo utilizado pelo autor para se referir, de forma neutra, à qualidade daquilo que é relativo à profissão, ao trabalho, sem incorrer nos significados agregados à palavra *professionnalisme*, profissionalismo, que remete ao que é bem realizado, com precisão e competência, tendo um caráter marcadamente positivo. (N. da T.)

todas as suas fases: deixando que a vida teatral, por mais profissional que seja, se alimente de todos os impulsos de teatro, até os mais obscuros.

O segundo preconceito invalida o olhar, a partir do momento em que ele se confessa como olhar interessado de quem gostaria de representar. São então desqualificadas as apresentações nas quais amadores, seus amigos e suas famílias só vêm ao teatro para "se" ver ou ver os colegas, os amigos, a família, mostrando-se por isto indignos do estatuto de "verdadeiros espectadores". Como se os profissionais fizessem outra coisa, ao longo do ano, que não seja ir de teatro em teatro para ver em cena os colegas, os antigos amores, a grande família. Mas o olhar deles é considerado artístico: já o do zé-povinho seria desprovido da mesma acuidade. O verdadeiro espectador vem por puro amor pelo que é representado, por puro prazer de degustar a representação em si – por desgraça este espectador é hoje um fóssil, se é que algum dia ele existiu. Teatro puramente profissional para espectadores em estado puro: este é o modelo, a norma ideal que preside a vida dos teatros. Ora, este é um modelo de teatro morto. A vida do teatro não para de pulsar, mas em outro lugar.

Enquanto que é a não profissionalidade, ou melhor, o contato produtivo da profissionalidade com aquilo que está em volta e lhe escapa, que carreia os únicos recursos que prognosticam um possível degelo estético do teatro, porque só estes correspondem à sua necessidade. Um pouco por toda parte surgem os lugares desta elaboração. Ela procede de um movimento duplo. Uma primeira tendência, centrífuga, empurra para fora dos circuitos institucionais um número cada vez maior de profissionais – jovens desempregados ou pessoas mais velhas marginalizadas pela competição espetacular e comercial, que, para não abdicarem de sua opção por uma vida de teatro, são levados a experimentar modos de produção e de trabalho que os colocam em contato com desejos de jogo muito difusos. Nascem assim companhias ambulantes, que trabalham em cidades perdidas do interior, oficinas para jovens nos bairros convulsionados, experiências nas prisões, hospitais e, claro, em escolas. Em fábricas que vão fechar, em cidades que vão morrer. A outra tendência, contrária, é aquela que exprime a demanda polimorfa de "formação", vinda dos grupos os mais heteróclitos, em busca de profissionais para ajudá-los ou orientá-los. Estes dois movimentos são objeto de um desprezo perpassado de cobiça: cegueira ou desdém diante do que acontece fora dos nobres caminhos da Arte; tentativas de recuperação concupiscentes, por teatros que buscam legitimidade social; magistrados ávidos por cultura popular, governantes-médicos aflitos para engessar as fraturas e cauterizar as feridas mais visíveis. Os homens de teatro usam tudo isto como pretexto para eternizar seu imobilismo. Mas o fato de que um ministro se dê conta da existência da miséria não basta para legitimar nosso desinteresse pelo problema: as obras de caridade não dispensam as revoluções.

É urgente reordenar, em um outro sistema, as profissões ligadas ao teatro e o teatro que as ultrapassa. É preciso inventar uma vida teatral estruturada de outro modo, que responda à necessidade do teatro de hoje – ou reconhecer que nos acostumamos com o seu definhar. O teatro deve ser questionado na raiz de seu exercício, de sua "distinção". E isto deve acontecer em todos os seus aspectos: como arte, como produção, como apresentação pública.

A arte do teatro deve se abrir aos fluxos da vida que continua estranha a ele. Todas as revoluções estéticas dos últimos dois séculos se prevaleceram deste imperativo. Mas os homens de teatro, que refletem sobre a ruptura operada por Baudelaire, Duchamp ou Monk, permanecem cegos ao confinamento de sua arte em uma nova Academia. Não basta mudar as formas – embora, com certeza, seja preciso fazê-lo. É a cena o que é preciso abrir, a cena como espaço prático, material. Não se trata mais de acolher ali os objetos do mundo, como nas encenações de Antoine ou nos quadros de Arman*. É preciso trazer os homens para

---

*. Arman: artista plástico francês da Escola de Nice, cuja carreira se iniciou em meados dos anos 1950, influenciada pelos surrealistas. Seus trabalhos *Accumulations* (Acúmulos) e *Poubelles* (Lixeiras) são *assemblages*,

a cena. Não sua imagem, mas suas singularidades e seus grupos, efetivamente, vivos. É preciso abrir as cenas à vinda daqueles que foram delas banidos: os ditos não atores, os não artistas. Há, sem dúvida, lugar para espetáculos de profissionais representando entre si, claro. Não há razão para pedir a cabeça deles. Mas é preciso abrir os palcos às alterações da vida externa, pela intrusão efetiva dos vivos que estão do lado de fora. São necessários ali outros jogadores, que conhecem regras que ainda estão por traduzir. Falta romper barreiras e que os profissionais trabalhem com os outros, para exibir, em toda a sua adequação, o impróprio da vida – e dos mortos. E se as convenções do teatro não forem respeitadas, melhor ainda. É preciso espetáculos desajustados, transpassados pela teatralidade do não teatro. "A filosofia tem necessidade de uma não filosofia que a compreenda", escrevem Deleuze e Guattari, "como a arte precisa de não arte e a ciência de não ciência"[1]. Não para se alimentar dela, ingeri-la, transformá-la em tecido adiposo. Uma não filosofia que a compreenda, dizem eles: que a entenda e a englobe. O teatro quer o não teatro que o compreenda. Não para tirar dele uma mais-valia estética para uso dos gourmets: para que o teatro abra sua mostração aos leigos e ao tumulto. Faz falta o longínquo, o esparso, o estreito. O estranho reconfortante e o familiar vertiginoso. É necessária tanta irreverência em relação à moldura e às convenções da cena quanto a que os artistas que fizeram a modernidade demonstraram em relação à moldura. É preciso maltratar a matéria do teatro, colar nela o real: mas o único real que, até aqui, conseguiu escapar às recuperações de sua Arte – o real dos vivos e de sua pele. Já compreenderam: não estou

---

respectivamente, de objetos do cotidiano (relógios, garfos, pincéis) e de lixo. Na década de 1960, ele se tornou um dos iniciadores do Novo Realismo; também trabalhou com objetos compactados e estabeleceu uma parceria com a Renault, visando a pôr em relação arte e indústria. Nos anos 1970 fez experiências com lixo orgânico. Atualmente, Arman se divide entre seu ateliê de Nova Iorque e Paris. (N. da T.)

1. G. Deleuze e F. Guattari, *Qu'est-ce que la philosophie*? Minuit, 1991, p. 205-206. (Em português: *O Que é a Filosofia?*, tradução de Bento Prado Júnior e Alberto Alonso Muñoz, Rio de Janeiro, Editora 34, 1992).

falando de temas para as representações de artistas, mas de efetividades cênicas. As cenas querem ser abertas ao jogo dos outros, e acolher, no mais extremo rigor de trabalho e de composição, procedimentos de travessia do real vivo. A cena deve se deixar fraturar pelos sons, pelas marcas, pelos clamores e poemas do mundo que se engendram fora dela – não por citação ou retomada deles pela estética do teatro, tal como ele funciona, mas por acesso efetivo, atrito bruto, efração e trabalho exigente sobre sua composição. O jazz (e com ele todas as músicas do século XX, que ele transformou) nasceu de um convívio vagamente obsceno entre as partituras profissionais e os balidos de "amadores" que vieram inscrever ali seus idiomas "de fora". É preciso jazzificar o teatro. Os refinados fruidores da estética podem reclamar, protestando a boca pequena que este projeto está na época errada, que a era da arte moderna já passou, que já não se está mais nos anos 20. Mais precisamente: quando a restauração se acomoda, vem o tempo dos cabeças-duras. Classes perigosas, trabalhando nos subterrâneos. E se o teatro escapou, ao menos em um sentido, à radicalidade do abalo do modernismo (visto que só os ecos da vida de fora vieram perturbar sua moldura), podemos muito bem imaginar, segundo a bem conhecida lei da conversão dos atrasos em avanços, que caiba a ele deslanchar a próxima dissensão.*

Para tanto, o andamento dos teatros deve ser energicamente sacudido. São necessários, admitimos, espetáculos de atores profissionais em que só eles representam, desde que isto não esgote todas as capacidades de financiamento social. Mas a responsabilidade estética que preside o uso dos teatros não pode mais ser pensada segundo critérios de identidade. É o compartilhar que deve orientá-la, o diálogo entre línguas inaudíveis. Os teatros devem se violentar,

---

*. Em francês: *vieilles taupes* (toupeiras velhas), expressão utilizada para designar algo que opera escondido mas que, em algum momento, aflorará à superfície, como as revoluções, os partidos clandestinos, os proletários. Segundo D. Guénoun, a expressão vem de *Hamlet* (Ato I, cena 5, v. 162), retomada por Hegel e, a partir deste, por Marx. (N. da T.)

oferecer-se como locais de trabalho e de ostentação a todos os tipos de frátrias despossuídas, músicas em devenir, literaturas, grafismos, imagéticas por nascer. E a atividade do teatro deve ser medida, e conduzida, segundo o imperativo desta visibilidade comum. Não se trata de preconizar que os teatros se transformem em motéis administrados por um gerente de locações que aceita qualquer um que chegue. Trata-se de propor que equipes profissionais, grupos, artistas e operários concebam, organizem, programem e conduzam a atividade de espaços que proporcionem a outros além deles as mais rigorosas possibilidades de sua exibição. Este compartilhar dos espaços não deve ficar limitado ao cronograma de abertura de uma ou várias salas, devendo se tornar o campo de uma fricção entre os dizeres, de uma colisão buscada e trabalhada das estéticas, de uma desapropriação dos jogos. Ele deve abrir para um trabalho, uma pesquisa, uma troca – para uma elaboração dialógica dos saberes, dos pensamentos e práticas de um teatro futuro. E se disto resultar, como é provável, uma tensão entre os modos de produção (nível dos salários, horários de trabalho, modos de vida) melhor: o teatro não tem nada a ganhar protegendo suas zonas de segurança, ele deve se expor a ouvir aqueles que não gozam de suas vantagens.

A economia (a política econômica) do teatro também não pode ficar fora da discussão. O financiamento dos espetáculos deve ser totalmente reorganizado: é preciso repensar os modos e os caminhos da demanda social, os pressupostos da subvenção pública, as possibilidades de intervenção e de apoio dos espectadores e das cidades. O teatro não deve viver apenas da liberalidade do Estado e do consumo de algumas reduzidas camadas sociais semiabastadas. Se ele não encontra nenhuma outra lógica de financiamento, é porque só aos olhos deles o teatro aparece como necessário. Sua necessidade pode ser medida pelo fato de que uma população se empenha em pagar para fornecer-lhe os meios de sua existência: o que pode assumir a forma de apoio estatal, sem dúvida alguma, mas este apoio deve ser re-fundado, apoiado em alguma outra coisa que não ele próprio. Porque o horizonte evidente, incontestável, da apresentação pública deve ser a gratuidade². Stanislávski escreve:

> Estourou a Revolução de Outubro. Os espetáculos foram declarados gratuitos, durante um ano e meio não houve venda de entradas, que eram enviadas a repartições e fábricas e tão logo o decreto saiu nós nos vimos cara a cara com espectadores totalmente novos para nós, muitos dos quais, talvez a maioria, desconhecia não só o nosso teatro, mas qualquer outro teatro. Ontem frequentava o teatro um público misto, entre o qual havia também intelectuais, hoje estávamos diante de uma plateia absolutamente nova, que não sabíamos como abordar. E nem ela sabia como vir a nós e como viver conosco no teatro. É claro que, no primeiro momento, o regime e o clima do teatro modificaram-se imediatamente. Tivemos que começar tudo de novo, de ensinar um espectador primitivo [sic] em relação à arte a permanecer em silêncio, não conversar, sentar-se a tempo, não fumar, não comer nozes, tirar o chapéu, não trazer salgadinhos nem comê-los na plateia³.

Evidentemente, isto foi no tempo da revolução, não é o nosso caso – e a história durou só um ano e meio. Mas a leitura destas linhas nos faz bem: os homens de teatro devem, hoje em dia, recolocar a questão da gratuidade no centro de seu pensamento, sem pretender aplicá-la de chofre e em toda parte, mas reconhecendo nela o verdadeiro futuro do teatro, sem o que sua existência como pequeno privilégio social não poderá ser abalada. É preciso aceitar trabalhar para isto: em lugar de afastar a hipótese com um gesto de raiva ou de desdém e com o auxílio de algumas banalidades culturais ou comerciais⁴.

---

2. Esta articulação entre o apoio dos espectadores e a gratuidade parece paradoxal: eu a desenvolvi em *Lettre au directeur du théâtre, op. cit.*, p. 70 *sq.*

3. *Ma vie dans l'art*, tradução de Nina Gourfinkel e Léon Chancerel, Librairie Théâtrale, 1950, p. 211. (Em português: *Minha Vida na Arte*. Tradução de Paulo Bezerra. Rio de Janeiro: Civilização Brasileira, 1989, pp. 499-500).

4. Pelo prazer da utopia, daremos aqui um exemplo *prático*. Cada teatro deveria comportar, no coração de seu coração, uma Escola. Não apenas a escola com que sonham todos os teatros e que alguns – muito poucos – mantêm: escola profissional de alto nível, como se diz. Estas escolas, úteis, devem ser multiplicadas, visto que suas capacidades não têm relação com o ritmo do ingresso na "profissão". Mas viso aqui a uma Escola muito aberta, pública, capaz de propor uma resposta ao desejo de teatro multiforme, como ele se manifesta nos jovens (e em outras pessoas também). Ao começar, eu lembrava que a malha dos edifícios teatrais e das companhias profissionais tornou-se

Esta é uma das condições do degelo estético do teatro. Imperiosa, embora não seja a única: o degelo do teatro só é possível se ele se deixar penetrar pela vida que o cerca e que ele só conhece através de um vidro ou de uma (quarta)

consideravelmente mais densa no território francês nos últimos cinquenta anos; poucas cidades são hoje desprovidas de um equipamento com vocação teatral ou de uma companhia com pretensões profissionais. Pois bem: todos os teatros devem incluir Escolas. É preciso criar uma rede poderosa e densa de Escolas teatrais capazes de acolher grande número de candidatos de todas as idades. Ou, pelo menos, todos os que manifestam aptidões evidentes ou um gosto mais determinado pelo teatro. Deve ser possível aprender teatro como se pode, no geral, fazer com a música: escolas de música e conservatórios de diversos níveis oferecem uma escala de formação que vai da iniciação ao profissionalismo mais ousado. É de uma coisa assim que o teatro precisa – ao menos disto. E, em vez de se obstinar em opor as necessidades da formação profissional às práticas de amadores, conceber a gradação num processo que permitiria senão a todo mundo ao menos a muita gente fazer um aprendizado sério, adequado a um uso como passatempo ou então abordar uma prática mais difícil, que inclui o arriscar-se nas experiências profissionais. Esta ideia seria irrealista se o teatro fosse um gosto marginal, e se uma ideia como essa tivesse o objetivo de criá-lo ou ampliá-lo. Mas trata-se de responder ao que está aí: jovens em profusão, que acorrem a cursos pontuais, desordenados, bastardos e às vezes francamente picaretas (tanto faz: cursos de iniciação ou de formação profissional) ou estas legiões de atores amadores que solicitam ajuda para tornar mais rigoroso seu comprometimento. Qualquer diretor de teatro sabe que a demanda em curso/por cursos é incessante, indefinidamente renovada e que não é possível satisfazê-la. Também são numerosos os atores e profissionais dos diversos ofícios do teatro capazes de partilhar o que sabem com alunos de diferentes níveis (das crianças aos alunos-atores ambiciosos), e que têm tempo, quando mais não seja, pela intermitência dos trabalhos, mesmo no caso dos profissionais mais requisitados. Mas a rede de escolas não deve ser instalada de forma paralela nem concorrer com a vida dos teatros, como um circuito socioeducativo distante da vida dos palcos. É preciso que os teatros sejam sua alma, o eixo, o motor. Os atores dos teatros e os outros profissionais que os cercam devem formar o coração, ou o todo deste corpo professoral cujo nascimento se quer propiciar.

O que supõe uma transformação do modelo da profissionalidade. É preciso imaginar que um ator possa devotar rotineiramente uma parte de seu tempo à transmissão de conhecimentos (um expediente por dia, ficando os outros dois – porque os atores têm três expedientes diários – para ensaios e todo o resto), sem que isto acarrete uma negação ou um apequenamento de seu estatuto de ator, que, ao contrário, deveria se solidificar a partir disto. Ninguém acha que um músico seja menos profissional pelo fato de dar aulas de música. Ele precisa é ter a possibilidade de organizar sua relação

parede. Rapidamente se esquece a cor e a textura dos dias comuns, do trabalho, da barganha geral e das libertações singulares, quando se vive trancado na sala de ensaios ou no palco. Bastam alguns anos e o mundo assume o aspecto de uma sala de espetáculos mais ou menos deserta. Nosso dispositivo teatral está à beira da astenia, apesar da intensidade das energias que nele se inflamam. Precisamos mudar de terreno, reestruturar todo o edifício, recomeçar o trabalho de pensar sobre isto que chamamos "teatro" – e talvez também alguma coisa diferente, que tenha outro nome – como algo heterogêneo e acolhedor em relação às práticas e à vida que excedem seu âmbito. Só esta retomada do trabalho pode responder à necessidade de teatro em sua atualidade e não ao modelo, encerrado, do Personagem figural diante do Espectador-sujeito. Só ela pode nos fazer olhar sem preconceito a realidade prática que nos solicita, como realidade da

com os lugares, sem ficar condenado à incessante migração de cidade em cidade em turnês intermitentes ao longo do ano. Não se pretende destiná-lo ao sedentarismo: viajar é precioso, vital – tempo de encontro e de abertura. Trata-se da possibilidade de viver um *aqui* – lugar de inscrição e de partilha. O que requer novas instâncias artísticas coletivas, no lugar do que foram as trupes, que devem ser reinventadas. Esta transformação supõe que a inovação poética é estimulada por este compartilhar: nas instituições científicas, por exemplo, se mantém, bem ou mal, um elo entre ensino e pesquisa, contra as determinações da lógica comercial. Mas a questão induz, sobretudo, a uma transformação da personalidade social do ator. O ator não deve viver sua existência social apenas na perspectiva do palco; sua vida de ator em cena deve se articular a uma outra socialidade ativa; a relação entre atores e não atores não deve se dar apenas, imaginariamente, por cima da boca de cena, mas encontrar também em outros lugares sua vinculação e sua produtividade. Mencionaremos, entretanto, o caso de uma profissão para a qual isto seria muitíssimo saudável: a encenação. É necessário um ensino de direção (que, pelo menos na França, não existe), não para transmitir cânones acadêmicos – a objeção vem daqueles que só concebem pedagogia como sinônimo de conservatório – mas para entrelaçar invenção e transmissão, cujos requisitos só se opõem aos olhos de um romantismo de botequim. Este ensino criativo seria muito bem recebido pelos alunos, visto que ninguém dirá a ninguém, a não ser pelo brilho aleatório de alguns pequenos modelos, como e por onde abordar a arte de fabricar espetáculos. Mas será muito útil também para os professores: os encenadores só teriam a ganhar abandonando sua posição de musas dos balcões de negócios.

era do jogo. E que não se acredite depressa demais que um pensamento do jogo isenta o teatro de suas responsabilidades cívicas ou morais. Talvez caiba ao jogo, mais do que à figuração e a suas imagens, inventar novas éticas e trocas inéditas. Talvez o jogo valha daqui por diante como modo de afirmação do que vem. Não apenas o jogo do teatro, claro: o jogo múltiplo e disparatado do qual o teatro é uma das possibilidades e uma das funções. É então que o Trabalho se recolhe mal humorado a seu reduzido espaço. E eis que a Arte, "este Cristo dos tempos modernos"[5], não para de oferecer o espetáculo, na melhor das hipóteses, de suas ressurreições e, na pior, de suas religiosidades. O Jogo não tem que substituí-la como essência salvadora. Mais prosaicamente – e poeticamente –, procuram se cruzar vozes que se fazem ouvir no jogo ativo e vivo das ciências, dos trabalhos e das artes, cuja textura e cujos encontros inéditos assinalam, talvez, as tarefas éticas e políticas do tempo que se aproxima, que já se pôs em movimento. Não é proibido querer que o teatro tenha algumas palavras para dizer e alguns corpos para mostrar nesta partida aberta.

Nodica (Pisa),
verão de 1996.

---

5. Aragon, *Traité du style*, Gallimard, 1928, reed. Tel, 1983, p. 43. (Em português: *Tratado do Estilo*, tradução de Júlio Henriques, Lisboa, Antígona, 1995).

TEATRO NA DEBATES

O Sentido e a Máscara
  Gerd A. Bornheim (D008)

A Tragédia Grega
  Albin Lesky (D032)

Maiakóvski e o Teatro de Vanguarda
  Angelo M. Ripellino (D042)

O Teatro e sua Realidade
  Bernard Dort (D127)

Semiologia do Teatro
  J. Guinsburg, J. T. Coelho Netto e Reni C. Cardoso (orgs.) (D138)

Teatro Moderno
  Anatol Rosenfeld (D153)

O Teatro Ontem e Hoje
  Célia Berrettini (D166)

Oficina: Do Teatro ao Te-Ato
  Armando Sérgio da Silva (D175)

O Mito e o Herói no Moderno Teatro Brasileiro
  Anatol Rosenfeld (D179)

Natureza e Sentido da Improvisação Teatral
  Sandra Chacra (D183)

Jogos Teatrais

  Ingrid D. Koudela (D189)

Stanislávski e o Teatro de Arte de Moscou
  J. Guinsburg (D192)

O Teatro Épico
  Anatol Rosenfeld (D193)

Exercício Findo
  Décio de Almeida Prado (D199)

O Teatro Brasileiro Moderno
  Décio de Almeida Prado (D211)

Qorpo-Santo: Surrealismo ou Absurdo?
  Eudinyr Fraga (D212)

Performance como Linguagem
  Renato Cohen (D219)

Grupo Macunaíma: Carnavalização e Mito
  David George (D230)

Bunraku: Um Teatro de Bonecos
  Sakae M. Giroux e Tae Suzuki (D241)

No Reino da Desigualdade
  Maria Lúcia de Souza B. Pupo (D244)

A Arte do Ator
  Richard Boleslavski (D246)

Um Vôo Brechtiano
  Ingrid D. Koudela (D248)

Prismas do Teatro
  Anatol Rosenfeld (D256)

Teatro de Anchieta a Alencar
  Décio de Almeida Prado (D261)

A Cena em Sombras
  Leda Maria Martins (D267)

Texto e Jogo
  Ingrid D. Koudela (D271)

O Drama Romântico Brasileiro
  Décio de Almeida Prado (D273)

Para Trás e Para Frente
  David Ball (D278)

Brecht na Pós-Modernidade
  Ingrid D. Koudela (D281)

O Teatro É Necessário?
  Denis Guénoun (D298)

O Teatro do Corpo Manifesto: Teatro Físico
  Lúcia Romano (D301)

O Melodrama
  Jean-Marie Thomasseau (D303)

Teatro com Meninos e Meninas de Rua
  Marcia Pompeo Nogueira (D312)

O Pós-Dramático: Um conceito Operativo?
  J. Guinsburg e Sílvia Fernandes (orgs.) (D314)

Contar Histórias com o Jogo Teatral
  Alessandra Ancona de Faria (D323)

Brecht e o Teatro Épico
  Anatol Rosenfeld (D326)

Teatro no Brasil
  Ruggero Jacobbi (D327)

40 Questões Para um Papel
  Jurij Alschitz (D328)

Teatro Brasileiro: Ideias de uma História
  J. Guinsburg e Rosangela Patriota (D329)

Dramaturgia: A Construção da Personagem
  Renata Pallottini (D330)

Caminhante, Não Há Caminhos. Só Rastros
  Ana Cristina Colla (D331)

Ensaios de Atuação
  Renato Ferracinio (D332)

A Vertical do Papel
  Jurij Alschitz (D333)

Máscara e Personagem: O Judeu no Teatro Brasileiro
  Maria Augusta de Toledo Bergerman (D334)

Teatro em Crise
    Anatol Rosenfeld (D336)

Estética e Teatro Alemão
    Anatol Rosenfel (D340)

Este livro foi impresso na cidade de Cotia,
nas oficinas da Meta Brasil,
para a Editora Perspectiva.